LIGHT ASSET
轻资产
LOW RISK
低风险
TO START
创业
A BUSINESS

成旺坤 / 著

中华工商联合出版社

图书在版编目(CIP)数据

轻资产低风险创业 / 成旺坤著. -- 北京：中华工商联合出版社，2021.12

ISBN 978-7-5158-3254-8

Ⅰ.①轻… Ⅱ.①轻… Ⅲ.①创业－风险管理－研究 Ⅳ.①F241.4

中国版本图书馆CIP数据核字（2021）第 257273 号

轻资产低风险创业

作　　者：	成旺坤
出 品 人：	李　梁
责任编辑：	胡小英
装帧设计：	周　源
排版设计：	水日方设计
责任审读：	郭敬梅
责任印制：	迈致红
出版发行：	中华工商联合出版社有限责任公司
印　　刷：	北京毅峰迅捷印刷有限公司
版　　次：	2022 年 1 月第 1 版
印　　次：	2023 年 8 月第12次印刷
开　　本：	710mm×1020mm　1/16
字　　数：	180 千字
印　　张：	16.25
书　　号：	ISBN 978-7-5158-3254-8
定　　价：	58.00 元

服务热线：010－58301130－0（前台）
销售热线：010－58302977（网店部）
　　　　　010－58302166（门店部）
　　　　　010－58302837（馆配部、新媒体部）
　　　　　010－58302813（团购部）
地址邮编：北京市西城区西环广场A座
　　　　　19－20 层，100044
http://www.chgslcbs.cn
投稿热线：010－58302907（总编室）
投稿邮箱：1621239583@qq.com

工商联版图书
版权所有　侵权必究

凡本社图书出现印装质量问题，请与印务部联系。
联系电话：010－58302915

Preface 前言
轻资产低风险创业

现在有很多学员报名学习我的培训课程，每次问及他们为什么要来听我的课，他们异口同声地回答不外乎三种：实现自己的创业梦；为了做一个成功的创业者；改变自己的命运。

我本身也是一个心怀创业梦想的人，如今我自己已经是一位创业课程培训师。很荣幸我能用我多年来的创业经验和个人感悟，帮助更多的人实现他们的创业梦，帮助他们向着成功事业靠拢。

我经常感慨，当前的确是一个充满机遇的时代，也是一个伟大的时代。在这个时代，每个心中有创业梦想的人，都希望可以通过创业实现自己的梦想，他们更希望自己能够获取权力、财富、威望、声誉和掌声，成为像微软的比尔·盖茨、苹果的乔布斯、阿里巴巴的马云那样的传奇人物，成就传奇人生。

当然，也有人说，自己一没资本，二没资源，三没技术，四没人脉，如何创业？其实只要你头脑聪慧，只要你能想出足够创新的点子，只要你掌握了足够多的创业知识，即便你身无分文，也可以创业，甚至取得成功。影响创业成功的因素有很多，但资金并不是唯一的因素，还取决于你的能力和你选择项目的眼光。

我认为，创业看似简单，实则不然。当一个人真正离创业很近的时候，才会发现，创业其实更像是一部"惊悚片"。每个创业者一路上都仿佛是在"打怪升级"。当自己在摸爬滚打中练就了一身本领之后，才能从众多的竞争者中脱颖而出，成为真正的人生赢家。

所以，创业不是一句简单的话、一个响亮的口号，每经历一个流程和每个阶段都会是漫长而艰难的。你必须做好准备，并采取一些积极的措施来运作你的生意。

在创业路上，没有谁能只做一个发号施令的老板，很多创业者都需要身兼数职，加班则是家常便饭。尤其创业初期，如果遇上人手不够，自己还必须亲自操刀、首当其冲。没有谁的创业之路是一路平坦的，绝大多数创业者之所以能够成功，靠的就是"坚持"两个字。虽然明白创业成功是个小概率事件，但他们始终坚持初心、始终坚持做自己认为对的事情。即便困难重重，也依然坚守着内心的那份热爱和执着。这种坚持，是需要创业者学习和保持的。

除此以外，创业者还需要不断锤炼自己的信心、克服自己的脆弱，让自己成为一个内心强大、善于反思的人，成为一个会创业、懂运营的全能创业高手。

成功实现轻资产低风险创业究竟有什么"法门"呢？我将本书分为三大部分，为读者一一揭晓答案。

第一篇，准备篇。创业并不是一件随随便便的事情，只有充分做好准备，拥有与时俱进的观念，具备创业者特质，拥有超前的思维，掌握加速成功的秘诀，手握"避坑"指南，才能赢在创业的起跑线。

第二篇，创业篇。创业者，没钱、没资源、没人、没技术是常事，但这并不妨碍创业。轻资产创业、低风险创业、小规模创业，总有一种创业模式适合你。

第三篇，运营篇。创业者不但要成为创业高手，也不能输在运营上。

谁能经营好、掌握增流锁客与产品运营的技巧、熟练应用创新营销模式、做好企业管理，还懂得融资，谁才配称得上真正的优秀。

　　本书从细节出发，有观点、有操作，干货满满。同时，还通过通俗易懂的语言、丰富翔实的案例，详细解密创业成功的技巧和方法。阅读本书，尤其可以为涉足创业的新人提供一些指导性帮助。希望致力于创业创新的有志之士，能够在这条全新的创业道路上越走越好、越走越远。

Contents 目录
轻 资 产 低 风 险 创 业

引　子　创业很艰难，却也很燃 / 001
　　　　创业改变你的一生 / 002
　　　　创业成功是个小概率事件 / 004
　　　　创业既是修己，也是渡人 / 007

01 第一篇　准备篇：
做好创业准备，成功属于有准备的人

第一章　创业，从改变观念开始 / 013
　　　　创业情愿错，而不错过 / 014
　　　　创业就是更好地帮助客户解决问题 / 016
　　　　坚持初心才能大有作为 / 018
　　　　没资金同样可以成功创业 / 021
　　　　竞争固然重要，合作更重要 / 024
　　　　把客户当作资产去经营 / 027

突破创业的自我心理设限 / 030

第二章　成功创业者必备特质 / 033

创业需要长期的坚持 / 034

要敢于犯错，出丑才能出彩 / 037

格局有多大，创业就能走多远 / 039

绝境中依然能看到顺境 / 042

成功是做出来的，不是想出来的 / 045

创业需要敢于冒险的偏执狂 / 046

第三章　创业思维高度决定事业高度 / 051

先赚人心后赚钱 / 052

该放权时就放权 / 055

模式优于经验 / 058

创业重在品牌塑造 / 060

好服务胜过千言万语 / 062

抱团合作才有出路 / 065

学习是武装头脑的最好工具 / 068

第四章　创业加速成功五大秘诀 / 073

选对行业，方向比努力更重要 / 074

小成就靠个人，大成功靠团队 / 076

与成功者同行，活在成功的磁场里 / 078

找圈子锻造自己 / 081

反思才能促成长 / 083

第五章　避坑指南，助你远离创业路上的那些坑 / 087

毫无准备：说走就走，潇洒创业 / 088

盲目合伙：随便找个人就一起合伙 / 090

不懂用户：以为自我需求就是用户需求 / 092

只会跟风：看什么火爆就去做什么 / 094

盲目扩张：快速扩张死得快 / 096

盲目烧钱：盲目融资，"烧钱"无度 / 098

盲目多元化：把鸡蛋放在几个篮子里 / 100

02 第二篇　创业篇：
构建创业框架，成功创业有方法

第六章　轻资产创业：小本生意成就前景人生 / 105

自媒体型创业：每个人的影响力都超乎想象 / 106

创意型创业：一个好点子价值千万 / 110

服务型创业：好服务换来好的经济效益 / 113

知识产权型创业：让无形资产变为有形财富 / 116

第七章　低风险创业：低风险启动，实现优雅创业 / 125

销售型创业：人脉资源迁移带来基础销量 / 126

"预售"型创业：以需求定货量 / 128

技术型创业：技术在手，风险无忧 / 129

众筹型创业：筹资、筹智、筹资源，共担风险 / 132

内部型创业："背靠大树好乘凉" / 134

复制型创业：复制样板，实现企业快速成长 / 137

第八章　小规模创业：小而美的企业也能实现规模化 / 141

　　加盟型创业：整店复制，可以大有所为 / 142

　　网店型创业：整合平台资源，小店中注入大智慧 / 146

　　居家型创业：一部手机轻松开发广阔市场 / 151

　　兼职型创业：有效利用业余时间提升个人收入 / 155

03 第三篇　运营篇：
套路运营，寻找突围之路

第九章　创业经营：重要的是经营好自己 / 161

　　把自己的优点经营成亮点 / 162

　　创业不要输在自己的急、懒、贪 / 164

　　停下来是为了更好地奔跑 / 166

　　个人形象就是最好的品牌 / 169

　　时刻清理自己内心的负能量 / 171

第十章　增流锁客：利用一切可用资源突破流量瓶颈 / 175

　　创业从发挥"圈子"力量开始 / 176

　　与有交集的人合作引流 / 180

　　让客户发挥终身价值 / 183

　　洞察人性，打造私域流量 / 185

第十一章　产品运营：因用户需求而生 / 189

　　挖掘隐藏在用户内心深处的需求来打造竞品 / 190

　　产品源于用户需求，高于用户需求 / 193

用产品差异化快速占领用户心智 / 195

打造爆品，抢占市场制高点 / 200

精准场景定位是产品存活的关键 / 202

第十二章　营销模式：创新盈利模式带来更大利润空间 / 207

错位营销，避开竞争锋芒取得突破 / 208

解决方案式营销，帮顾客解决问题 / 211

进化式营销，在顾客变心之前先改变自我 / 213

圈层营销，挖掘圈层用户蕴含的巨大力量 / 216

第十三章　创业管理：管理是一门学问，也是一门艺术 / 221

管理的核心就是要激活人心 / 222

做管理就要管理自己，影响别人 / 225

老板要做选择题，员工要做思考题 / 227

没有无用的人，只有放错位置的人 / 228

打造巅峰团队，重在聚心 / 231

第十四章　融资方法：资本需要回归理性与耐心 / 235

选择天使投资人要擦亮眼睛 / 236

快速融资找钱，解决创业困境 / 239

寻找融资最佳时机，赢在起跑线 / 241

有效的资金支持催化事业成功 / 243

引 子
创业很艰难，却也很燃

"创业"本身就是让人十分兴奋的词，吸引了一个个意气风发的人带着雄心壮志走上创造美好明天的路。然而当你真正走在这条路上的时候才会发现，其实创业并没有我们内心想象的那么简单，披荆斩棘过后，创业者无一不是伤痕累累。然而，那些饱尝过创业艰辛、从创业困境中真正成功突围的人，回头看看自己走过的每一步，发现虽然很艰难，但每向前走一步都很精彩，正是如此，使得自己在创业路上能够激情四射，使自己的整个人生能够燃烧和飞腾起来，最终成就了自己的辉煌。因此，可以说，创业很艰难，却也很燃！

创业改变你的一生

我们身边有很多人每天安稳地过着两点一线的打工生活，也有人选择加入创业大军，向一个未知领域迈进，艰辛地去完成一个未知的任务。

虽然创业的路上充满了艰辛和未知，也许创业者会经历各种各样的"小败局"，但如果不尝试创业，你的生活环境、生活境遇永远无法得到改变，终生也许都只能在平庸中度过。

因此，很多人都会抱怨，没有很好的平台来展现自己的价值。但你有没有想过，给人打工，舞台就那么大，无论你扮演角色的能力有多出色，也难以演绎出天鹅在天空中自由飞翔的优雅。那么如何突破这个局面？如何实现自己的人生梦想？我的回答就是两个字——创业。

创业本身就是一件辛苦、艰难的事情，没有谁能随随便便成功。怕苦的人苦一辈子，不怕苦的人苦一阵子。对于我们每个生活没有靠山的人，就只能靠自己；没有天下，我们只能自己闯天下；我们没有资本，就需要为自己创造资本。

虽然创业不能改变世界，但却可以改变你的一生。在我看来，原因有三个：

1. 有效提升工作激情和拼劲

给人打工，很多人每天就像陀螺一样，老板敲打一下，转的速度快一点，一旦没有督促和鞭策，则整个人运转速度越来越慢。因为，打工者并没有将自己的职业当成自己的事业来做。

创业，没有上班时间限制，每天叫醒你的不是闹铃，而是你的梦想。你会认为上班是给自己干，创业积累的广大用户也都是自己的。这些客户资源和人脉掌握在自己手中，就是一笔巨大的无形财富。创业的人每天都精力充沛、有拼劲。而这一切源自创业者对梦想的执着追求。

2. 走上人生巅峰，实现财富自由

万事开头难，创业更是如此。在初始阶段，没有资金、没有人脉，成为创业路上最大的阻碍，很多创业者直言"太难了"，甚至有种欲哭无泪的感觉。但回过头来仔细想想，创业其实就是一个不断积累的过程，当你的人脉、经验积累到一定程度，当你投入的时间和精力达到一定程度时，你前期的投入必将换来或多或少的回报。

当创业成功时，你获得的回报将是非常巨大的，你收获了大量人脉、资源、资金，可以说走上了人生的巅峰，此时的你可以说实现了真正的财富自由。

3. 提升自我价值，赢得尊重和威望

一个成功的创业者，需要在创业的道路上不断创造价值、输出价值，而他们所创造的这些价值也正是客户的需求点，是创业者的盈利点。这说明，一个真正服务于大众，为大众提供价值的创业者，才能通过不断提升自我价值来满足用户需求，这样的创业者往往因为其出色的工作能力和业绩而赢得别人的尊重，成为人们眼中的标杆和学习的榜样，使你的人生得到升华。这样的企业才能因为价值的不断输出而走得更长远、变得更强大。

创业带来的这些有关精神、财富、尊重和威望等人生变化，是你在打

工过程中所无法获得的，也是你在打工过程中永远无法达到的。

创业成功是个小概率事件

相关统计数据显示，十年间，中国初创公司的存活率只有2%，这就意味着有98%的初创公司"死"在了创业路上。可见，创业成功本身就是个小概率事件，整个创业路上布满了失败者的"累累白骨"。

这无疑给那些想要创业或刚走上创业道路的有志之士泼了一瓢冷水，直接让他们心凉半截。然而，任何事情，无论成功还是失败都是有原因的。

创业投资数据公司CB Insights给出的统计数据显示：通过对101个创新失败公司自己填写的失败报告进行总结，得出了20个创业失败最常见的原因，其中盈利模式的错误设计，包括产品无实质需求、现金流的管理不善、团队问题，成为创业失败的三大"杀手"。

创业有风险，成功率很低，比打工还要难很多，凡是那些创业成功的人，他们在鲜花和掌声背后，隐藏的却是他们艰难创业的故事和方法。因此，要想成功，创业者必须明白：

1. 心理上做好吃"苦中苦"的准备

创业本身就是一件高风险的事情，如果你想创业，却没有良好的心理素质，是不适合创业的。很多人认为创业就是做生意，做生意就是销售产品，就是做买卖。因此，很多人抱着自己能够做生意成为"人上人"的心态去创业，但与此同时，我觉得，你更需要心理上做好吃"苦中苦"的准备。

创业与打工相比，意味着就要放弃朝九晚五、周末休息的规律性生活。加班则成为一种常态。创业者经常会为了一个完美的方案而连续好几天泡在办公室，把办公室当作自己的家，吃不好，休息不好，这也是常有的事情。另外，很可能工作上的事情你必须什么活儿都得亲力亲为，轻的、重的、精通的、不熟悉的，你都要能拿得起来。除此以外，创业本身需要的开销很多，每天的人力成本、研发成本、制造成本、经营成本、销售成本、服务成本等体量十分巨大，如果每个人都花费不必要的成本，积少成多，这对于一个企业的生存来讲是十分危险的。创业的时候，你就是自己的老板，你必须对自己严格要求和约束，必须克服心理上的惰性。要明白，"吃得苦中苦，方为人上人"。

任正非作为华为的领导者，在创业初期以2万元起家，经历32年的时间，逐渐从一个6人创建的名不见经传的小企业发展为市值千亿、拥有超过18万员工的产业帝国，然而其根基就是简单的四个字：艰苦奋斗。

任正非加入企业的发展和壮大的队伍当中，起到了表率作用。早期，在创建华为之时，任正非就已经做好了艰苦奋斗的准备。任正非租了深圳宝安区蚝业村工业大厦的三楼，在这层楼上被划分为单板、电源、综测、准备四个工段，而且库房和厨房也在同一层。十几张床贴着墙边摆放，床不够就用泡沫板上加床垫代替。后来，大家将这段艰苦的奋斗经历称为"垫子文化"。如果上班累了就趴在桌子上，或者在泡沫板、纸板上席地而卧，睡一会儿醒来接着干。由于整层楼没有空调，只有吊扇，所以大家在高温下作业，经常热得汗流满面。每天加班到很晚，才熄灯睡觉。有时候，大半夜突然来了车货，像蓄电池、机柜等，大家都立即起来，忙碌着将货卸完才继续睡觉。任正非也与员工在这里同吃、同住、同工作。

所以，华为成功是有原因的。无论面对什么样的困难，在任正非的带领下，每个华为人都无怨无悔地走在艰苦奋斗的路上。

真正的创业高手，必定能够吃得了别人不能吃的苦。往往你能吃得了多大的苦，就能干成多大的事。

2. 具备积极、乐观、自信的心态

创业也许很顺利，也许会充满艰难和风险，但无论怎样，对于一个创业者来讲，都要自信。不要因为自己从来没有创过业，就妄自菲薄地认为自己创业不会成功。有人在创业的时候受到家人的反对、朋友的冷眼，被认为资质平平，创业根本不会成功。没有哪个人天生就是做生意、当老板的天才，他们之所以能够成功，其中一个原因就是他们拥有积极、乐观、自信的心态。

相信自己能够成功的人，会向着成功的方向不断努力，就会向成功逐渐靠近。一个自信心很强但能力平平的人所取得的成就，往往比一个具有卓越才能但信心不足的人所取得的成就要大很多。当然，自信并不是盲目自信，而是建立在理性基础上的自信。

3. 要有承受压力和挫折的准备

每个创业的人，在初期都会遇到各种不尽如人意的事情，如资金不足、人手不够、经营不善、对未知风险的预估不足，甚至辛辛苦苦筹集的资金都打了水漂，从而造成经营困难、入不敷出的局面。这些往往让创业者感觉"压力山大"，让自己喘不过气来。员工压力大，做得不开心，可以说"我不干了"，但老板不行。作为老板，在创业之初，就需要有承受压力和挫折的准备。

在我看来，创业本身就是在一次次嬗变中进行。今天的摩天大厦，明天就可能轰然倒塌，你要随时接受变化，做一根定海神针，在纷乱的局面中坚定自己的方向。创业过程中，有压力、有挫折，才能让人有不断奋起的动力，把你在创业过程中的压力和挫折化作你前进的动力，最终的成功才会属于你。

4. 要有独立分析和决策的心理准备

俗话说："在家靠父母，出门靠朋友。"创业，很多时候要靠自己。创业，就是自己给自己当老板，所以你做的一切决策，都关乎你整个事业的前程时。即便别人给你意见和建议，也只能作为参考，真正做决定的还是你自己。你既然选择了创业，就要勇于承担风险和责任，必须养成一种独立分析和决策的习惯。必须给自己制定工作计划，学会时间管理；必须做好经营决策和发展方向，自己决定资源配置。

既然创业成功是小概率事件，你就需要在各方面做好充足的心理准备，能够面对各种压力、挫折、失败、风险，用自己的信心、行动、努力去提升你的创业成功概率。

创业既是修己，也是渡人

创业以来，我一直都有一个感悟，那就是：创业既是修己，也是渡人。

千万不要简单地认为，通过自己的努力工作之后，在自己的圈子里小有成就，就具备了足够的创业素养，就能够成功地走在创业路上。

要知道，创业就是要做一件复合性很强的工作，既要考验一个人的胆识，又要考验一个人的抗风险能力；既要考验一个人的独立决策能力，又要考验一个人的团队管理能力；既要学会赚钱，又要学会怎样管理钱。这些能力，有的是在你创业前就需要拥有的，有的是在你创业的过程中逐渐摸索和学习而得的。可以说，创业可以使一个人能够不断在学习中成长，在自己的人生道路上不断提升自己的境界。这就是修己。

可能你昨天还是一个在创业方面没有思路和方法的人，到了今天，就已经饱经沧桑，成熟自信。重要的是，随着事业的不断扩张，团队的不断扩大，你的人生境界已经从修己逐渐上升到了渡人的高度。

作为一个企业内训从业者，我认为目前从事的职业，叫"渡人渡己"。我希望通过我的努力，帮助一个个创业者和一个个企业家能够从河的此岸到河的彼岸。

在我看来，任何一个创业者和企业家都需要经历三个阶段：物质阶段、尊重和认可阶段、自我价值实现阶段。这一点其实并不难理解。

物质阶段，即投入大量的物料、资源等创业必备的东西。

尊重和认可阶段，即你的努力和创业成就得到别人的尊重和认可。

自我价值实现阶段，即你真正将自己的价值充分发挥，帮助更多需要帮助的人。这是创业的最高阶段，也是创业者的最高境界。

一块豆腐，在一位家庭主妇手里能做一道菜。但我认识的一位企业家，卖豆腐一年却能创收2个亿。

他曾经也是一位打工者，刷过漆、做过木匠、开过出租，生活虽算不上十分艰难，但也过得比较拮据。为了给孩子好的生活条件，他决定开一家豆腐坊。他想，如果在一家居民区开豆腐坊，每个小区有上千住户，周边有三四个小区的话，附近有将近三四千人，再加上附近的菜市场、餐饮店，显然是一个巨大的市场。如果每天有一千户买豆腐的话，那就是一大笔生意。

为此他拿出了家里几乎所有的积蓄，租了一间十多平方米的房子，隔出两间，前面做豆腐坊，后边狭小的地方用作居住，便做起了豆腐生意。夏天本身天气就热，再加上做豆腐，整个豆腐坊就像个大蒸笼；冬天天气寒冷，做豆腐水汽太大，使得屋内湿寒刺骨。即便如此，他还是和妻子坚持着，每天蹬着三轮把半夜刚做好的豆腐送进附近的菜市场和餐饮店。功夫不负有心人，经过自己不断的努力，他的豆腐坊生意越来越好，于是他就开始扩大生产规模和市场，并找来一起与他打过工的朋友，做事业。他深知每个打工者的辛酸与苦楚，他想让每一位工友都能过上好的生活，因此对待每位和他一起干事业的朋友，就像是家人一样，与他们同吃同住，还教他们技术，而且待遇还比同行业的要高很多。员工家里有了困难，他也会想方设法帮他们解决。

就这样，12年的时间，他将一家只有自己和妻子两个人的小作坊，发展成为一家拥有2000名员工的豆制品企业。在实现了自己财富自由的同时，还托起了2000多人的饭碗，让更多的人能够过上更好的生活。作为回报，这些员工则为他创造更多的经济价值，使他的生意逐渐做到了2亿元的规模。

卖豆腐也能创下如此大的盈利，这似乎让人觉得不可思议。但是，要知道，还是那句老话：得人心者得天下。如果你能在创业的过程中不但修己，还能渡人，那么你在每个人身上付出的善心和善举，都能播下爱的种子，最终以收获更多的果实作为对你善心和善举的回报。正所谓：你如何善待别人，别人终将如何回报于你。

你的事业有多大，事业有多成功，除了你自己的修行之外，还在于你渡人的胸怀和行动。"渡"本身就是一种胸怀，也是一种担当，更是一种人生的升华。因此，你在创业的过程中"渡人"其实也是在"渡自己"，使自己能够快速成为一个更加成功的人。

PART 1
轻 资 产 低 风 险 创 业

第一篇

准备篇：
做好创业准备，成功属于有准备的人

第 一 章
创业，从改变观念开始

> 无论在生活中还是事业中，不同的人走向不同的方向，就会收获不同的结局。什么影响创业成功呢？这对每个创业者来讲都是一个纠结的问题。人的梦想或欲望，是人产生行动的原动力。而观念模式影响着你的言行准则，言行准则影响你的成败。因此，创业者要想成功实现自己的梦想，就要从改变你的观念开始。

创业情愿错，而不错过

人生两大恐惧：怕失去、怕丢面子。创业过程中，同样有人怀有这样的心态。他们担心自己犯错，担心因此而失去什么，担心因此而丢了自己的面子。为了不失去、为了不丢面子，很多人选择不去做。

这也就是为什么很多人想法很多、思维敏捷，但却对于自己的想法只是说说而已，从未真正开始着手去做。面对一个非常有前景的项目，你总是犹豫不决、思前想后，生怕在真正将自己的想法付诸创业实践时出错，因此就将项目搁置。

小梁是一个年轻的上班族，他多年来一直有一个创业梦，但总是因为各种各样的原因，迟迟无法真正行动。

在年底的时候，小梁终于下定决心，辞去了自己朝九晚五的工作，下定决心开一家店铺自己做老板。事实上，小梁在此之前已经做过很多准备，而且他已经挑选好了店铺，准备将店铺盘下来。小梁相中的店铺，面积并不大，因为地段还可以，所以租金不低，需要20万。但到了交钱的前一天，小梁突然后悔了。

与其说后悔，其实是小梁害怕了。他担心自己多年攒下的存款，加上从别人那里七拼八凑起来的这20万打了水漂，自己因此而负债累累。他害怕承担这样的严重后果，因此他多年的创业梦想就这样放弃了。

人的一生，做所有的事情，成功和失败的概率各占一半。人来到这个世界上，都是一张空白的"纸"，上面能够浮现出什么样的图案，全靠自己努力描绘。每个人无论做什么，学走路、学吃饭、学穿衣……一切都是从零开始，谁也不能保证一次就能成功。只有迈出第一步，才能迈出第二步，才能点滴积累、循序渐进。当你在失败的基础上有了经验，那么你离成功也就越来越近。相反，如果你像小梁这样因为害怕做错而不敢去做，那么你从未开始，也终究难以成功。

十年前，因为害怕错，你错过了；五年前，因为不相信，你拒绝了；三年前，因为不可能，你放弃了。今天，你的想法被别人实现，别人的梦想早已成真，而你依旧还是那个你，最后只有后悔的份儿。

人生不是在过错中度过，就是在错过中遗憾。然而过错是暂时的遗憾，错而改之，成功指日可待；然而一旦错过了，则是终身遗憾，成功终究与你无缘。我们千万不要因为害怕出错而停滞不前。

创业路上，肯定不会一帆风顺。失败本来就是成功过程中的一个组成部分。要知道，商机往往是一瞬间的事情，因为害怕出错而不能迅速抓住商机，那么你永远不会在事业上有所成就。没有机会做大事的人，往往是因为还没有开始，就已经被内心害怕失败的恐惧所打败。这样，你错过的不是一次机会，而是错过了一个时代。

创业时，不要背负太多个人面子。其实很多时候，最可怕的并不是创业中遇到挫折和失败，而是你内心中根本过不去自己那一关。创业，要情愿错，而不错过。既然你选择了创业这条路，就不要害怕失败。对创业者而言，只要你努力了，就没有你做不到的事情。创业，趁早不趁晚，为什么不趁现在马上行动呢？

创业就是更好地帮助客户解决问题

绝大多数人认为，创业就是经营好自己的企业、做好自己的产品、管理好自己的团队、推销好自己的产品。显然，这样的想法都是站在自己的立场来考虑。

我认为，初创企业，要想更好地谋发展，就需要有充足的盈利。而盈利的来源就是客户。所以，创业的本质，就是发现客户的问题、帮助客户解决问题。只有客户满意了，才会与你达成交易，为你带来盈利；只有你明确什么样的产品能满足客户需求，你才能不断调整和改进自己的产品，赢得更多客户的青睐。这是一个良性循环的过程。

对于这一点，有一次我和一位朋友聊天时，他的观点与我一拍即合，而他的实际创业经验证明了这一点的正确性。

我的这位朋友，之前一直在一家公司做销售，后来经过在销售领域的摸爬滚打，积累了不少销售经验和技巧，也攒了不少人脉。于是，他觉得打工不如自己创业干得更有劲，因此，他跳槽出来，给一家空调做代理。

凭他多年来的经验，他的成功方法就是：如果能为客户提供解决问题的方法，并真正帮助客户解决问题，这时候把产品卖给客户，就会容易很多。他告诉我，有一次，他到一家写字楼里办公的企业推销空调。简单表明自己的意图后，被这家公司的前台无情拒绝了。本来这家公司已经安装空调了，但从空调的外观来看，就是十多年前的产品。他向前台解释：

"贵公司的空调在十多年前就开始使用了，通常空调的使用年限只有十年，超过这个年限，耗电量大，还不能很好地制冷、制暖。您看我推荐的这款，各项指标都达到国家一级标准。"

前台不假所思地告知他，现在的办公楼下一年租赁费要涨，公司下一年就要换办公楼了，所以现在根本不会考虑换空调的事情，除非能够原价继续租赁。他听到前台这么说，认为前台的话语中有两个问题需要解决：一是解决租赁费涨价的问题；二是解决空调搬运到新办公地点的问题。

为此，他给出两个方案：一是跟这栋大楼物业谈，降低租金；二是只会收取很少的费用帮忙搬运空调。

显然，第二个方案很好解决，但是需要自掏腰包。于是，他就着手从第一个方案入手。他找了物业，告知物业自己是该公司的领导助手，谈了之后物业不同意降低租金。于是，他又告知物业："今年经济不景气，很多企业面临倒闭危机，到时必定会有很多公司搬走，如果不能降低租金，公司就只能搬到其他写字楼。"物业听后犹豫了起来。三天后，他接到物业电话，同意降低30%的租金。事情的结果当然是顺理成章的。当他再次来到这家公司时，该公司的领导助手热情地问道："小伙子，合同带了没？"

朋友帮助该公司解决了极为重要的租金问题，从而获得了客户好感和信任。成交自然是水到渠成的事情了，朋友能够创业成功也在情理之中。

创业的本身就是能够满足顾客需求，顾客需求就是你的创业切入点。那么如何寻觅创业商机呢？其中一条重要途径就是擅长发现和领会别人在需求方面存在的问题或难处。在这方面，我的这位朋友就做得非常好。

然而，在解决客户需求之前，你还必须考虑两个问题：

第一，你的产品功能或者你的服务能满足客户需求吗？

不要只着眼于推销你的产品，让客户知道你的产品有多优秀，更重要的是着眼于你借助你的产品或服务为客户解决什么样的需求问题。

第二，客户购买你的产品需要付出多大的成本？

客户购买产品，是要支付相应的费用的。如何才能让客户既愿意支付产品费用，又能非常乐意与你达成交易，朋友的做法显然十分奏效。通过降低写字楼租金，让客户不但解决了租金不上涨的问题，还比原来租金降低了三成，得到了实实在在的利益和好处。客户自然愿意与你合作并达成交易，这样变相地减少了购买产品所需要付出的成本。

创业就像身边的风，你有能力抓住它，它就叫机遇；你没能力抓住它，它就只是你身边的风。而你的能力，往往是通过你的善于观察和洞察获得和提升的。当别人还在忙于做产品、做管理，忙于苦口婆心地做推销的时候，你已经通过为客户提供解决方案打动了客户，抓住了宝贵的机会，此时的你就已经赢得了创业成功的机会。

坚持初心才能大有作为

生活，一半是现实，一半是梦想。我们往往想要将美好的梦想变为精彩的现实。但现实往往让梦想绝望，梦想往往被现实阻挡。很多人为了梦想不顾一切去拼搏，为了将梦想快速变为现实，他们选择创业这条路。

创业其实并不是一件难事，而坚持做下去和守业才是比较难的事情。

我们往往因为喜欢、因为梦想而选择创业，在创业之前，发下宏伟誓言。但在真正创业的过程中，我们往往因为困难、挫折而给自己打了退堂鼓，最后走着走着，我们把创业的梦想丢了，企业的发展越来越偏离最初定好的方向，创业也失败了。

我们往往因为共同的喜好、共同的梦想而成为创业合伙人。创业初期，我们歃血为盟，立下"相互扶持，同进同退，为共同的梦想永不放弃"的誓言。但在创业过程中，一遇到问题大家就相互指责，相互推诿，最终不欢而散。这样，多年来努力创业打下的江山，一开始干得风生水起，后来却逐渐萎靡不振，最后烟消云散。

无论个人创业，还是合伙人创业，之所以失败，是因为你没有把梦想当作自己一生的追求，也没有把梦想当作自己的信仰，更没有为了这种追求和信仰而执着地走下去。简言之，就是你在创业过程中，并没有坚守你的初心。

什么是初心呢？对于创业者而言，初心就是最开始创业时的愿望，通过创业才能将梦想不断变为现实，达到真正的初心。

我们常说一句话："不忘初心，方得始终。"有了一定的创业初心，在创业路上即便遇到各种困难、诱惑，创业者也依然朝着最初的创业梦想砥砺前行，最终取得创业的成功。只要初心不变，那么你初心的高度，就是你创业达到的高度。

对于创业者来说，如何才能真正做到不忘初心？在这里，我给创业者三点建议：

1. 不忘记最初的梦想

很多人创业，都是因为最初的心中梦想。任何一个创业者，第一天创业时的梦想都是美好的。但我觉得很多人都有一个共同点，那就是第一天的梦想都很美好，但走着走着发现自己都忘了自己第一天想要干什么。

永远别忘记自己第一天创业时的梦想，而且要一直保持这个美丽的梦想，并不断为实现梦想而努力创业，最后你一定会迎来成功的喜悦。

2. 不放弃每天从心开始的角度

创业过程中，失败、风险并存，被人冷眼和嘲笑是常态，难道因为失败、风险、冷眼、嘲笑就要放弃实现自己的创业梦想吗？我想，这不应该成为你退却的理由。这样的你永远都不会成功。在面对任何不尽如人意的情况时，你只有不放弃，每天始终都坚持遵从自己的内心去做事业，才更容易实现自己的创业梦想。

纵观那些成功的创业人士，凡是有大成就者，都会遵从自己的内心，始终做自己最开始想做的事情，比如马云、比尔·盖茨。当然，我举他们两人的例子，并不是说每个人都能像他们一样会有那么大的成就，但是有一点是非常肯定的，那就是遵从内心去做事业，会让你在创业过程中变得非常轻松自在，也更容易取得成功。

3. 不违背自己的性格底色

心理学家认为：你的性格底色，决定你的命运。什么是"性格底色"？简单来说，就是不同风格的人，在面对同样的事情时，表现出截然不同的态度和独有的性格基调，这就被称之为"性格底色"。

比如：红、橙、黄，这些暖色系性格的人，其性格底色体现的是乐观、开朗、自信、抗挫折能力强、充满活力。灰、黑、蓝，这些冷色系性格的人，其性格底色体现的是悲观、烦躁、压抑、焦虑等。

往往那些不乐观的人，难以成就大事。所以，在创业过程中，只有始终保持乐观自信、积极向上的心态，才能让你初心不改地去发展自己的事业。这是创业成功的前提和秘诀。

有句话说得非常好："你的创业初心就是最好的商业计划书。"创业，能够保持初心非常重要。在创业过程中，我们要做的是：无论世事改变，唯独初心不变。

没资金同样可以成功创业

我经常听一些年轻人说这样一句话："等我打工攒够了启动资金，我也要去创业，实现我的创业梦想。"显然，在他们看来，没资金就无法创业，甚至认为是"痴心妄想"。

创业离不开资金没错，但我从来不认为没有资金就根本不能创业。今时不同往日，如今是互联网时代，就算你没有充足的资金，甚至身无分文，只要你善于利用互联网，能够不吝啬开发你充满智慧的大脑，能够学会借用现有平台，善于整合身边的互联网资源，你依然可以成功创业。

马云说过一句话："开始创业的时候，谁都没有资金，就是因为没有资金，所以我们才要去创业。"然而，马云在创业之初，由于没有充足的启动资金，也被人嘲笑过。但，马云恰好用自己的努力向那些曾经嘲笑过他的人证明：没有资金，同样可以创出一番伟大的事业。

1992年，马云在杭州电子工业学院任教，工作四年，每个月工资还不到100元。没钱也阻碍不了马云创业的脚步。他找了几个合作伙伴一起创业，很快一家专业翻译机构就诞生了。创业初期，可以说是举步维艰。整个翻译社第一个月全部收入才700元，而当时每月房租就需要2400元。有好心的同事劝马云，不要瞎折腾了，但马云并没有放弃。

随后，马云开始做起小买卖来，跟许多业务员一样四处推销小商品，吃闭门羹是常有的事，受尽了白眼，受尽了屈辱。三年里，整个翻译社就靠马云推销小商品维持生存。直到1995年，翻译社才开始正式赢利。

1995年初，马云参观了西雅图一个朋友创办的网络公司，亲眼见识了互联网的神奇，于是他立刻意识到互联网在未来的巨大前景，于是决定回国做互联网公司。

在开办互联网公司初期，马云依旧没有什么钱，当时所有的家当只有6000元。于是，他只好变卖了翻译社的办公家具，再向亲朋好友四处借钱，最终才凑够了8万元。再加上两个朋友的投资，总共才10万元。对于一家网络公司来讲，区区10万作为启动资金，实在是捉襟见肘的。但马云却又一次用自己的努力和不屈不挠的精神，将中国黄页的营业额从0做到了几百万。显然，马云又一次成功了。

后来，马云创办了阿里巴巴。当时创办资金也不多，18个人共凑了50万，这是马云的全部家底。然而，就是这50万，马云喊出了这样的宣言："我们要建成世界上最大的电子商务公司，要进入全球网站排名前十位。"如今，马云当年的宣言实现了。2019年11月16日，胡润研究院发布的《2019胡润全球独角兽活跃投资机构百强榜》中，阿里巴巴排名第7位。

马云的创业经历告诉我们，没有资金照样可以成功创业。同时，我在这里也总结了一些在没有资金的情况下进行创业的方法：

1. 寻找一切可以利用的资源

很多人创业，没有创业资金，是一件很让人头疼的事情。其实，你不必为此而让自己陷入绝望当中。只要你善于寻找和挖掘身边一切可以利用的资源，包括网络平台、社交媒体平台、合伙人等，都可以为你创业提供很好的帮助。比如，借助社交媒体平台为你的品牌做宣传，提升你的个人影响力；借助合伙人的帮助，众人拾柴火焰高，可以凑到一笔创业资金等。

2. 寻找资金要讲究技巧

如果你想寻找资金支持，有两种渠道：一种是获得融资，另一种是向亲朋好友借钱。但无论哪种方式，都必须让对方看到你在创业方面的本事,或者你的创业项目未来的前景。要想做好这一点,就需要做一个很好的战略部署,这样才能让人更加直观地看到你事业的发展前景,别人才会心甘情愿把钱借给你。

3. 以智力资本换效益

所谓的"智力资本",实际上就是智力和知识的一个有机融合,这种融合并不是传统意义上的融合。智力和知识、能力等的融合程度越高、越紧密,则智力资本所产生的效益就越高,其体现出来的价值就越大。智力资本对经济增长的贡献要远大于劳动数量的增加。在创业的时候,不需要投资,直接用智力、知识、能力就可以换取财富,同样可以实现成功创业。

4. 没有现金流的项目别做

很多人创业,选择的项目很好,创利也十分乐观,但真正落在自己手中的钱却少之甚少。这样的项目其实可以不做。因为,东西是卖出去了,但都是赊账,这样做很危险。你手里的资金只有出,没有进,资金不流通,生意到最后必将难以为继。

我有一个朋友,经营了一家餐馆,餐馆每天人流量巨大,生意爆棚。但因为餐馆有不少人都是签单,所以他每个月并没有很多资金入账,反而还要从家里拿钱出来补贴餐馆的开销。这种没有现金流的项目千万别做。

5. 首次创业最好做"独一份"行业

创业,无论做任何项目,只要开张营业、盈利,就会有后来者出现与你形成竞争之势。因此,如果你首次创业,就一定要寻找市场中的"独一份"生意。我这里讲的"独一份"生意,就是特指一个地区、一个城市只有一个加盟店、一个代理,你做了那么你就是这个地区、这个城市中独一无二的，客户有产品方面的需求，只能购买你的产品，别无选择。

如果全国只有联通一家移动通信公司，那么你办理相关业务，只能找联通办理，别无选择。这就是所谓的"独一份"行业。

对于很多年轻创业者来讲，没有什么积蓄，所以资金往往被视为"硬伤"。但只要肯想方法同样可以通过自己的想法和努力，走出一条辉煌的创业之路。

竞争固然重要，合作更重要

常言道："商场如战场。"在商业人士眼中，从商就像是走上了一个没有硝烟的战场，在这个战场上，竞争对手就是自己的敌人。因此，生意场上，经常出现咄咄逼人、采取打压措施垄断市场的情况。很多人认为，不给竞争对手留下喘息的空间，自己就可以稳坐钓鱼台，高枕无忧了。我却不这么认为。

虽然说，没有竞争就没有压力，但过分排挤竞争对手，总是想着市场这块"肥肉"尽入自己囊中，反而不利于自身的发展和整体市场经济效益的提升。

我们见过"老死不相往来"的品牌，也见过那些争着争着就成为合作伙伴的品牌。竞争是必要的，但顺应发展变化潮流，获取最大的利益，对于品牌来说才是明智的选择。

优酷视频和土豆视频，原本是两个"死对头"，但是随着视频网站竞争愈演愈烈，越来越多的视频网站出现，优酷和土豆就从原来的竞争对手关系，转变为一种合作关系。两者合作后，更名为"优酷土豆"。这样的转变，不能不让很多人大吃一惊。

如今社会竞争如此激烈，抱团合作才是创业者的智慧之选。如果竞争对手之间也能寻求合作，能为了共同的目标而努力，大家彼此之间能够关系融洽，能够相互学习、求同存异，就能够更好地完善自我，实现"1+1>2"，更有利于你创业梦想的实现。

所以，我们要明白一个道理：这个世界上，没有永远的敌人，只有永远的利益。在利益面前，敌人也完全可以成为自己的朋友和合作伙伴。因此，作为创业者，我们没有必要把消灭竞争对手作为自己创业成功的标志。竞争固然重要，合作更重要。要在保持竞争优势的基础上做好策略准备，要寻找良性的竞争对手进行合作，建立良好的商业生态系统，反而有助于营造良好的市场环境。

这里我再说说麦当劳。我们知道，麦当劳最早是自家开的那种街边汉堡店，它跟隔壁汉堡店竞争，目的就是想要打败他们，把他们的顾客抢到自己手中。后来，麦当劳改变了观念，想出了另外一种方法，就是先将自己的生产流程和管理流程进行规范，然后将成果变为手册，再将生产流程和管理流程进行完善，最后发明了一种商业模式，也就是我们常说的加盟或连锁。

通过这种加盟连锁的方式，麦当劳将以前与自己有竞争关系的汉堡店全部变为合作伙伴。假设它花了一个亿来规范自己的生产流程和管理流程，而且只以100万美元卖给它的加盟商，现在它拥有40000多家连锁店，那么它通过加盟商渠道就赚取了400多亿美元。它用1亿美元创造了400多亿的价值，这就是与竞争对手合作所带来的利益和好处。

试想，如果麦当劳一心想着独霸天下，与竞争对手竞争到底，那么它充其量就是我们所看到的一家大餐厅，那么它又能凭一己之力赚到多少呢？如果麦当劳一味想着将自己的竞争对手置于死地，可能导致竞争对手采取非常规手段与其进行对抗，极力压低行业利润率，最后只能导致两败俱伤的后果。

麦当劳的成功，就是将竞争对手变为自己的合作伙伴，把以前那种与竞争对手互撕、互损的竞争观念，变为了合作共赢。不但通过专业化、规范化、流程化生产和管理，使得成本降低、质量提升，还使得消费者从中得益，对麦当劳更加情有独钟。

或许你会认为，麦当劳敢于与竞争对手合作，能够做到如此开放的境界，是因为麦当劳本身体量庞大，所以不用惧怕对手。其实不然。对于初创的小企业来讲，这种"竞合关系"更加重要。如果竞争对手没有强大的竞争能力，那么与其合作，能够给其带来的好处是十分巨大的，因此他们更加乐于与你合作。封闭自我，一味将自己置身于竞争中，只会让自己故步自封，最终在市场中消失。

事实上，那些真正优秀的企业，它们在成长过程中都有共通之处，就是它们更加懂得与竞争对手合作，这是它们迈向成功的必经之路。

把客户当作资产去经营

在经营过程中,很多老板把自己与客户之间的关系定位为"捕食者和被捕食者"的关系,他们眼中,客户就是自己的赢利来源,是自己的赚钱工具。持有这种观念的人,其实是一种短视行为。

持有这种观念的企业,应当及时转变观念,否则非常不利于企业的长远发展。在我看来,"把客户当作资产去经营",才是当前企业发展的长久之计。

以往,我们总是认为只要我们服务好、态度好,办理业务快速、准确,就可以赢得顾客的好感、赢得顾客的芳心,最终达成交易。我们从来都没有想过,将客户与资产画上等号。

我提出将客户当作资产,是因为它几乎符合作为资产的所有属性:

■资产是通过购置获得的;

■资产需要管理和经营;

■资产能带来收益,也能侵蚀你的利润;

■资产有短期收益,也有长期收益;

■资产会增值、增长,也会流失。

其实,客户属性与资产的属性惊人的一致:

■如今,获客成本越来越贵,很多时候,企业获取客流量,是需要拿出一定的成本来引流的,如红包引流、福利引流。

■客户有生命周期,包括获取阶段、成长阶段、成熟阶段、衰退阶段,如果没有进行妥善地管理和经营,客户很快就会流失。

■如果运营得好,那么客户可以为你带来收益。但如果运营得不好,客户就会给你差评，影响你未来的收益。

■客户第一次与你产生交易，这是短期收益，如果能产生复购行为，则可以为你带来更多的长效收益。

■客户能够为企业引流就是一个增值过程，实现流量裂变就是流量增长的过程。当客户进入衰退阶段，也就是客户流失的时候。

如果，你能将你的客户当作你的资产，那么客户就是与企业发展同进同退的一部分。然而，客户如此价值不菲、得来不易，却很少有企业能够像对待其他资产那样用心对待客户，并对客户进行良好的管理和经营。如果不能有效管理和经营你的客户，这些难得的资产就不会为你创造巨大的收益，而且会慢慢流失。更让人感到可怕的是，"水可载舟亦可覆舟"，当客户成为不良资产时，就会影响企业家声誉，甚至给企业带来灾难。

因此，如何将客户当作资产去经营呢？我总结了下列两种方法：

1. 把客户当朋友

对待客户，要有足够的真诚，才能赢得客户的信任。真诚地把客户当作自己的朋友，和客户打成一片，你才能真正融入客户群，被客户所接纳。所以，在与客户交流和互动的时候，要充分扮演好自己的角色，营造好自己的关系网，让客户死心塌地地忠诚于你，忠诚于你的事业。

2. 与客户分享价值信息

当你主动将各种有用、有价值的信息分享给客户时，客户会感觉你对其十分重视，能够站在他们的立场上给他们十分有用的帮助。人都是有感情的，这些价值信息，往往与你的产品无关，甚至不属于你的业务和服务范畴，你能够额外给他们提供对他们十分有益的信息，他们的内心会记着你的这份"恩情"，并对你产生信任。他们自然愿意与你达成交易，并愿意与你达成长期合作关系，他们甚至愿意主动为你摇旗呐喊，招揽生意。

我有一位朋友，在客户经营方面颇懂经营之道。他在一处景区开了一家民宿。早年期间，民宿作为一种新兴产业，给前来入住的顾客一种新奇感、亲切感，因此深受广大游客的青睐。近几年，随着越来越多的人开始创办民宿，民宿生意也开始难做，利润开始下滑。而造成这样的现状，关键在于民宿数量越来越多，将客流分散了。然而我这位朋友的民宿生意不但没有受到影响，反而每天客满。

在民宿外，他专门拉出了条幅，免费为游客做咨询服务。很多游客第一次来，哪里拍照风景好，什么路线最省时省力，附近哪里有医疗机构……很多都是他们想要了解和知道的问题。朋友的做法显然很受广大游客的青睐，除此以外，朋友还会主动向游客提供一些本地旅游省钱攻略、防骗技巧等。很多游客在询问后，为了以后还有什么方便咨询的，就直接在朋友的民宿入住了。

出门在外，最担心的就是人生地不熟，对当地的各种风土人情、地理环境等一无所知，有一个人能够像朋友一样为自己"指点迷津"，对于很多游客来说，内心会感觉到一丝温暖和亲切。比起其他人情味寡淡的民宿，游客自然会选择朋友的民宿。有的游客下次来玩的时候，直接到朋友这里入住，还推荐他们的好友过来。这样，朋友的民宿生意不火爆都难。

所以，如果你想要创业，就需要转变观念，任何时候都不要将你的客户只当作赚钱的工具。你用真心待人，别人必然以真心待你。好好经营你的客户，将客户当作你的朋友去对待，他们也会视你为朋友，为你带来更多的商机。

突破创业的自我心理设限

马云在谈起创业时说过这样一句话:"如果我能成功,那么中国80%的年轻人都能成功。"或许很多人认为创业成功率那么低,怎么可能有80%的人取得成功?因此会认为马云的话有点夸大其词,和我们看到的实际情况不符。但在我看来,马云此言不虚。

虽说创业成功率极低,但对于每一个成功创业者来讲,他们一路走过来,回头看看自己走过的每一步,就会觉得创业成功其实很简单。

类似这样的事情,在我们的生活中也有很多佐证。最近,我看过一篇报道,当记者采访一个高考状元时,问他:"你成功的关键是什么?"他轻描淡写地回答道:"也没什么,就是保持良好的心态。"

有良好的心态就能成功吗?我相信心态很好、考试却失利的人会对此提出质疑,认为他的回答对以后的考生来讲没有实际的参考意义。但我认为他说的是真话。

成功对于每个成功者来讲,都会认为比较容易,原因就是他们忽略了迈向成功路上所遇到的挫折,弱化了遇到的困难。难道他们的成功是因为他们所遇到的挫折和困难比别人少吗?当然不是。他们的成功,是因为在遇到挫折和困难的时候,能够突破自我心理设限,不为挫折和困难所折服。相反,很多人之所以创业没有成功,是因为内心的自我设限。

同样的处境、同样的困难面前,不同的人有不同的解读。

在我的微博里,有个朋友留言写道:"我很想在我们县城开一家冷饮店,就是那种加盟店,可是我不知道开在哪里。开到人多的地方,房租太贵，我租不起，开到人少的地方，我又担心没顾客，我该怎么办？"

这是典型的选择困难症。之所以会产生这种选择困难症，就是因为他内心里给自己设了限。还没有开始创业，首先想到的就是在如何选择上有困难。如果你总觉得自己无法克服眼前困难，那么你永远也不会在创业路上有所突破。

方法总比困难多，任何事情都有解决方法。假如你想开一家冷饮店，首先就要去做市场调查，不要去猜测市场，猜测起来简单，但最不靠谱。不妨抽一个月的时间去做市场调查，蹲点观察。对那些繁华市区的冷饮店每天的客流量进行统计，并计算一下经营成本，就能知道开冷饮店一天的利润有多少，再除去房租、人员工资、水电燃气等费用，每天能赢利多少，一目了然。

用同样的方法去那些比较偏僻的冷饮店调查其经营情况，然后进行对比。综合各方面的利弊，做出地段选择。所以，任何事情，只要去想，办法总会有；只要去做，事情总会成功。

人，之所以平庸，就是自我设限太多，总觉得自己这不行，那不行，那么你将永远一事无成。在千军万马过独木桥的创业大潮中，只有勇于突破自我，不再自我设限，你才能向成功一步步靠近。

那么创业者该如何突破自我，不再自我设限呢？我认为要做好以下几点：

1. 明确自己的创业愿景

创业的过程就是实现自己梦想的过程。所以，你在开始创业时，就要问自己：我为什么创业？创业对于我的意义和价值是什么？我要通过创业达到什么样的目的或高度？

就像前文中讲到的，马云当年创建阿里巴巴时就宣称："我们要建成世界上最大的电子商务公司，要进入全球网站排名前十位。"这就是马云的创业愿景。正是因为这样的愿景，才使得马云在创业过程中，无论遇到什么样的难点，都能内心不设限，层层攻破。

2. 强大内心，大声说出"我能行"

很多内心自我设限的人，往往遇到困难时都会说"我不行"。他们往往会说：我从来没干过，我做不了；我学历不够，肯定比别人差……这样的人往往内心不够强大，没有自信。一个创业者要想内心足够强大、足够自信，在创业途中遇到困难和挑战的时候，就要大声说出"我能行"。通过声音激发我们的潜意识，潜意识会暗示我们，让我们内心充满信心，在行动上变得更加积极、勤奋。你想着事情朝好的方向发展，你的潜意识往往会暗示你朝着这个方向不断努力，当你的努力从量变实现质变的时候，也就是你取得成功的时候。

3. 把大目标分解成一个个小目标

如果你的创业梦想很大，你可能在创业过程中会认为目标太大难以实现。但当你将这个大梦想分解成一个个小目标之后，你在实现的时候就会感觉容易很多。当你把一个个小目标都实现了的时候，也就是你实现了你伟大创业梦想的时刻。

创业路上，最大的对手就是自己。一个无法突破自我的人，又如何能超越别人？因此，创业，就一定要将内心的自我设限转化为一种正向的东西。从"我不行"到"我能行"，是对自我心理阻力的一种突破。只有突破了这个阻力，你在创业路上才能走得更好，走得更远。

第二章
成功创业者必备特质

"创业"是一个美好的字眼,很多人为了实现心中那份美好的梦想而选择创业。然而,并不是每个有心创业的人都能成功。创业对于创业者来讲,是有一定要求的。只有具备创业者必备的几大特质,才能成为合格的创业者,才能提升创业成功概率。

创业需要长期的坚持

创业就像是一场马拉松，一旦明确了自己的方向，就要带着激情和热情，咬紧牙关坚持走下去。正如丘吉尔所说："成功根本没有秘诀，如果有的话，就只有两个：一是坚持到底，永不放弃；二是你想放弃的时候，请回过头来再照着第一个秘诀去做。"因此，凡是那些最后能够看到希望之花的，一定是在创业路上比别人更坚强、更有激情、更能坚持的人。

没有哪个人的创业历程会缺少煎熬，也没有哪个人能够不经过磨难直接跃上成功的舞台。当我们备受煎熬和磨难折磨时，我们需要的是一种坚持和不服输的毅力，我们要做的是能够坚持，坚持，再坚持，直到最后成功的那一刻。

我在做线上培训的时候，同样遇到过不如人意的情况。在刚开始做快手的时候，我自认为做得很认真、很有激情，但最终的点击率、转发量、评论量却差强人意。最早的时候，我只有十几个"粉丝"，但我却没有就此放弃，依旧保持着最初的那份认真和激情继续前行。

为了在广大用户心中建立我的个人形象，我每天依旧坚持做大量的相关性内容输出。当我通过持续输出足够量的内容之后,"粉丝"才会通过这些内容对我产生清晰的认知,并将这种认知加以固化和深化。所以,如果没有持续的内容输出,我的IP形象是难以在"粉丝"中建立且存活的。如今,我依旧走在持续性内容输出的路上。虽然我不敢自诩成功,但可以肯定的是,如今我的快手"粉丝"量已经从最初的10多人达到了283.7万,这就是不断坚持换来的成果。

我建议创业者学习一下"荷花定律"。

荷花定律讲的是:一个池塘里的荷花,每天都会以前一天的2倍数量开花。第一天开放的只是一小部分,第二天它们会以前一天的两倍速度开放。到了第29天,荷花仅仅开满了池塘的一半。直到最后一天,也就是第30天,荷花才会开满另一半池塘。这就是荷花定律。

这个定律,其实就是说,最后一天的速度最快,等于前29天的总和。其中蕴含的道理就是,只有坚持,才能让整个池塘的荷花全部绽放。

很多人在创业的过程中,刚开始充满激情,渐渐地感到厌倦,甚至放弃不再坚持。因此,你还没有走到"第29天",甚至只走了一半的时候就选择放弃,就表明你已经与成功无缘了。

创业,越接近成功,越艰难,就越需要坚持。创业过程中,除了能力、技巧、模式,更需要的是坚持和毅力。当你设定了一个目标后,就要想方设法去实现这个目标,不管路上遇到什么困难和诱惑,都要坚持走下去。创业能够取得成功,关键在于坚持和毅力。如果没有坚持和毅力,有再好的能力、技巧和模式,创业也都难以成功。创业能拼到最后的,不是运气和聪明,而是你坚持的毅力。

有一个学员在跟我聊天时表示,自己开了一家互联网公司,创业一年了,但效果不是很好,认为没有前途,想要就此放弃。但经过我的剖析和引导之后，他最后选择了坚持。为了支撑公司业务的发展，他卖了老家的房子，挺了几个月后，迎来了投资，公司马上就活了起来。如果不是当初的坚持，他哪能有如今的成功。创业者就要有坚持的毅力，如果这位学员没有坚持，选择了放弃，那么他一定是失败的。所以，只要认为目标是对的，那么坚持走下去就是对的，曙光终会有到来的一天。

水滴穿石的故事相信大家都听过，一滴水滴在石头上，滴一两天看不到石头有什么变化，但是滴几年下来，石头就会被穿透。这就是坚持的力量。所以，你在创业的路上，只要肯坚持，迟早也能水滴石穿，也能走向成功。

但，对于坚持，我还有两点需要提醒创业者：

1. 坚持并不等同于维持

如果把整个公司当作一幅画，那么创业者最重要的就是能从这幅画中走出来。正所谓"当局者迷，旁观者清"，这样你才能搞清楚在当前的情况下，自己所做的究竟是在坚持还是在维持。

所谓的"坚持"，就是坚持找策略解决困境、坚持用创新解决困难，寻找转机，而不是死耗。而"维持"就是增加投入，依旧走老路，这就是典型的死耗。因此，你要头脑清晰，分清楚坚持还是维持，维持没有意义，终究只能将自己"拖死"。

2. 只坚持做自己认为对的事

坚持一定要坚持自己认为对的、自己认为可以最终实现的事情，而不是盲目坚持。就像是水滴穿石一样，我们十分明确只要坚持去做，石头一定会被穿透，而不是盲目去坚持一些自己都感到模糊、不切实际的事情。将有限的精力放在有价值的事情上去坚持，才能有所成效。

要敢于犯错，出丑才能出彩

人非圣贤，孰能无过？没有人天生完美，也没有人总是幸运的，从来都没遇过挫折。

在创业路上，我也犯过不少错误，我绝对不是完美的人，但我愿意通过自己的错误，找出让自己变得更好的方法，而不是将自己困在错误当中，不断自责或逃避。

没有人是天生的创业奇才，但凡那些看起来是天生创业奇才的人，他们也是跌跌撞撞走过来的普通人，并没有与你有所不同。

说起埃隆·马斯克这个名字，可能很多人会感到陌生。但如果提起特斯拉，很多人就会有所了解。埃隆·马斯克就是特斯拉公司的首席执行官。除此以外，他还是SpaceX（太空探索技术公司）的CEO。

当年，SpaceX在濒临倒闭的那一刻，获得了NASA的16亿美元投资，才得以绝地逢生。特斯拉，也是在濒临倒闭的时间节点，最后只剩下5个小时，突然间获得了融资。

像埃隆·马斯克这样的大企业家也会面临失败，走到失败的边缘。哪个出彩的人没有出过丑，要敢于犯错，出丑才能出彩。那些能将自己的生活过得很好的人，那些在创业路上取得辉煌成就的人，他们也都是经历过很多挫折和低潮之后，总结出教训和方法，才最终有了今天的成功。

人生，看的不是过去，而是现在和未来。创业也是如此。你在创业的路上，过去有多差、有多失败，都没关系。过去你在创业路上犯过的错，都是你今天和未来取得成功的垫脚石。失败不可怕，可怕的是你没有重视失败，没有从过去的失败中总结经验和教训，没有将这些经验和教训用在你的今天和未来。

如果你能将经验和教训加以利用，那么你的这种做法是非常明智的。创业本身就是一个不断试错的过程，可能你尝试了却失败了，甚至尝试了很多次，失败了很多次。其实，每次失败都是一次经验的获得，你尝试的越多、失败的越多，你所掌握的经验也就越多。如果你在失败中掌握了很多经验和教训，那么这些都是你为未来能够取得成功而积累的宝贵财富。人要敢于犯错，不要害怕在别人面前出丑，出丑才能出彩。

所以，不要总是感觉自己很不幸，失败总是和自己不期而遇。如果你能把过去的每一次失败当成教训，作为努力向前、追逐成功的方法，那么你在日后的创业路上就会越走越好、越走越快，而且离你的创业目标也就不远了。

当创业者面临失败的时候，你需要具备以下几点能力：

1. 学会接受失败

作为创业者随时都会面临失败。在创业过程中，要想取得成功，你要有随时接受失败、随时扛起突发事件的能力，要具备"打不死的小强"的精神。古人云："胜败乃兵家常事。"商场本身犹如战场，失败也是常有的事情。但如果你能正视自己的失败，学会抗压与坚持，这样即便你跌入低谷、陷入困境时都能勇敢面对，勇敢地继续向前奔跑，最终跑出困境。

2. 学会释怀

天下人可以看不起你，但你永远不能看不起自己。很多人都会羞于失败，觉得自卑，自己都看不起自己。如果你因为害怕失败、内心自卑、看不起自己，将自己困在失败中无法自拔，或者就此放弃，那么你永远也不会成功。有时候，学会释怀，反而会让自己轻松许多，让自己有继续努力的勇气。

3. 学会从失败中总结

一次痛苦的经验抵得上千百次的告诫。失败其实并不可怕，一次失败并不能代表你永远不会成功。重要的是，你要善于从失败中找出原因，找出改进的方法。失败，依旧可以重新来过。创业过程中，不是你取得了什么，而是你经历了什么、积累了什么样的人脉、资源、经验。当你经历得多了之后，你的人脉、资源、经验也就多了，那么你之后进行创业所取得的自然也就会有很多。

创业，人人都会犯错。没有谁会比谁聪明，人都是差不多的。之所以一个人看上去比别人聪明、比别人成功、比别人出彩，其实在于其阅历和经验的多少。当一个人阅历和经历的事情多了之后，自然知道创业路上有哪些坑，如何才能很好地避开，如何才能让自己不再犯同样的错误，少走弯路。这样，即便失败，最坏的打算便是从头再来，无非就是将你之前走过的路再重新走一遍。该避坑时，不掉坑；该走直线时，不走弯路。这样，这一次做的事情、走的路，肯定比上次要顺利很多。

格局有多大，创业就能走多远

创业本身是对创业者各方面进行的考验。如果具备创业精神，也具备一定创业能力，是否一定能够取得成功？我认为不然。在我看来，除了这两方面，还需要创业者拥有大格局。

人们经常说："你的心有多宽，舞台就有多大；你的格局有多大，你的人生就能走多远。"我认为，老板就是"天花板"，老板的心胸和格局有多大，公司就能走多远。

那么什么是格局呢？如何才能放大自己的格局呢？

格局就是指一个人的视野、全局观。拥有大格局的人，往往视野更加开阔，能做到主次分明、重点清晰。格局是创业者事业大小的重要因素。有大格局的人，虽然不见得眼下事业有多大，但其未来的前途不可限量。

具体而言，格局有多大就是：

1. 眼光有多长远

所谓眼光，就是你能在此时看到某件事情未来的趋势，能对其进行准确预测。眼光长远的创业者，一定能看到别人看不到的东西；能通过表象看清事物发展的本质；能对事物的评判有自己独到的见地和标准；能对一些事物进行了解后，明白自己到底是否适合做。一个真正做大事、有远见、有格局的人会看世界的潮流，能够预估自己未来的发展方向。

小米科技CEO雷军，可以说是中国手机领域的"大佬"。在事业方面，人们认为他是一个很有格局的人，而他的格局，主要体现在其独到的眼光上。雷军明白大众的消费能力，在理解大众的消费需求之后，他将自己的产品路线设定为"性价比"路线，即市场中同样品质和性能的产品，小米的价格都十分厚道。小米将手机做成了人人都能用得起、买得起的产品。也正是基于这一点，小米手机深受广大用户的青睐。虽然小米看上去每个产品赢利很小，但小米以量取胜，从长远来看，小米的总体销量是十分惊人的。

2. 胸襟有多大

凡是有大的追求、大的梦想的人，都会有大的忍耐、大的包容、大的视野，这就是所谓的胸襟。在创业过程中，如果你不能对你的竞争对手存有一丝包容之心，将其看作自己的死敌，对其产品、经营模式都是用敌意的态度去对待，那么你们之间只能成为永远的敌人。如果你能稍微对其有一点包容，可以将竞争对手看作是一面镜子，时刻对照镜子，看看哪些是需要坚持的，哪些是需要及时纠正的，哪些是值得向竞争对手学习的，这样就会形成一个正循环，让你的企业越走越好。

3. 承担的责任有多大

创业，不是自己一个人的事情。随着你的企业规模不断扩大，你的员工将不断增多，此时，你不仅仅是为了自己赚更多钱而努力做事业，更多的是对你的员工承担起责任，让你的员工能够赚更多的钱，过上更好的生活，这样他们才愿意更加努力地工作。因为，员工也是有想法的，如果他们认为自己跟对了老板，跟着这位老板很值，他们就会很好地做自己的工作，为自己的工作负责。但如果这个老板不是他们心目中的理想人选，他们就有可能不认真工作，或者直接把老板"炒鱿鱼"。

京东刘强东宣布，在京东干五年的员工，可以为其提供单身宿舍。而格力董明珠，则直接宣布：给格力员工每人一套房。目前，格力的人才公寓建设正在进行中，预计在2021年交付使用。只要员工还在格力工作，房屋永不收回；如果员工选择在格力退休，则这套房子将完全归员工所有。格力的大手笔，实际上体现的是为满足员工住房需求、提高生活质量而承担的责任。格力有这样远大的格局，无疑为员工解决了后顾之忧，使得员工能够稳定下来，为格力尽心奋斗。

承担多大的责任，就有多大的格局。承担才让人觉得你有安全感，才有担当，别人跟了你才会觉得安心。当然，我举刘强东和董明珠的例子，并不是让初创企业也像其一样以耗费巨资来承担起自己作为一个老板的责任。但他们这种承担责任的格局是值得我们学习的。虽然我们不能像刘强东、董明珠那样为员工提供如此耗资巨大的福利，但我们可以尽自己所能，为员工解决他们生活中的问题和需求，给予他们力所能及的帮助。这样同样能体现出你格局的远大，同样能够赢得人心，同样对你企业的长远发展大有裨益。

绝境中依然能看到顺境

我十分喜欢易普生的一句话："不因幸运而故步自封，不因厄运而一蹶不振。真正的强者，善于从顺境中找到阴影，从逆境中找到光亮，时时校准自己前进的目标。"创业是人生经历中的一部分，所以这句话同样适用于创业，对创业者有很好的启迪作用。

每个人创业都想成功，都想成为市场中的强者，但真正的强者，往往不会因为一时深陷逆境，就此停住了前行的脚步。相反，他们哪怕面临逆境，也能看到美好的前景。只有这样的人，才能称得上真正的强者，这样的人才能真正走向成功。

很多人在逆境中沉沦，在绝境中放弃，之所以这样，并不是他们败给了外在的困难，而是败给了内心的恐惧。因为恐惧，所以他们在遇到一些棘手的事情时往往表现得束手无策，不敢继续前行。这种做法并不是聪慧之举，也因此而看不到事业未来的前景。我们总是渴望成功，但当创业路上只要遇到逆境，你就要打退堂鼓，这样怎么可能会成功？

那么如何才能在遇到绝境的时候，依然能看到机遇，让自己的企业能够绝处逢生呢？

1. 用辩证的眼光看绝境

很多时候，不同的人处在相同的境遇当中，做事情所取得的结果却不一样。我对这个也非常好奇。

在北京三环边上有个赛迪大厦，在大厦楼下有一家餐馆。我有一次去那边办事，中午就在这个餐馆吃饭。结果，中午饭点的时候，这家餐馆人烟稀少，老板闲在那里。我就问他："老板，这都到饭点了，怎么吃饭的人不多啊？"

老板做了这样的分析，主要原因有两个：第一，这里是三环边，每天过的车很多，但很多人一脚油就踩走了，不容易停车；第二，这附近就一个餐馆。通常餐馆都是扎堆的，大家直接往前走，去前面饭馆多的地方，这家不成就换另一家。

一年后，我又路过赛迪大厦那边，中午又去那个餐馆吃饭。结果，门庭若市，吃饭还得排队。我仔细一看，老板换人了。

等吃过饭之后，也过了中午的饭点，看着老板不太忙时，我又去找老板聊天："老板，你家生意怎么这么好啊？"老板回答："这个吧，我觉得，第一，三环边上，过的车多；第二呢，这附近只有我这一家餐馆。"

为什么同一个位置，同一个餐馆，一个生，一个死？我觉得答案就是能否像第二位老板那样用辩证的眼光看绝境。

既然创业路上绝境不可避免，那么我们与其消极沉沦、烦躁不安，何不静下心来，用辩证的眼光去看待绝境呢？那些不期而至的绝境，往往可以让我们潜移默化地提升自己的思想境界，修炼我们的心境，进而帮助我们在绝境中奋起。

2. 寻找新机遇，扭转绝境

在创业路上，企业的发展可能有三种情况：第一种是欣欣向荣，第二种是倒闭关门，第三种是半死不活。企业发展得欣欣向荣，说明你在创业的过程中付出的努力获得了回报，企业正向着你所期待的方向发展。而倒闭关门和半死不活，虽然看似你在创业路上走入了绝境，但只要不甘心失败，寻找新机遇，就有可能扭转眼前的绝境。

倒闭关门，意味着你经营企业的方式和方法出了问题。半死不活，说明你的企业经营、管理模式有待改善。要想东山再起，要想恢复勃勃生机，此时你将自己陷入悲观和绝望往往于事无补，最好的办法就是，尽自己最大的努力寻找绝境的破解之道，寻找属于自己的新机遇。

我认为，有两种方法：

一种是继续经营现有的产品，完善自己的经营和管理模式。

另一种是转型。转型并不意味着失败，为了维持的维持才是最大的失败。尤其是半死不活的企业，更需要对眼前的现状有清醒理智的判断。否则，不转型，最直接的结果可能是直接把自己拖死。不转型等死，转型才有一线生机。

在商界，几乎所有伟大的公司都经历过转型。诺基亚最早是以伐木、造纸为主，后来逐步向器械、轮胎等领域扩张；三星最早是一家商贸企业，主要经营杂货和面条；任天堂最早是做类似扑克牌的卡牌的；夏普最早销售的产品是自动铅笔；松下最早做的是双向插座和插头生意……诸如此类的例子不胜枚举。

想必这些企业也没有想到过，自己刚开始设想的方向和最后取得成功的方向完全不是一回事。因此英雄不问出处，只要能找到新的出路，扭转绝境，成功的辉煌依然能够照耀到你。

市场在随时变化，红极一时的业务模式其寿命也是有限的，在彼时能够为企业创收，但在此时不一定依然奏效。因此，你要随时调整自己的方向，才不会让自己陷入绝境当中。即便不小心走进绝境，将自己陷入悔恨、责备当中是毫无意义的，你要有在绝境中看到转机的能力，能够快速找出方法和策略，快速跳出眼前的困难时期，才能逐渐扭转时局。

成功是做出来的，不是想出来的

想象自己成功，比通过实际行动努力获得成功容易很多。但试问，哪个成功的企业家是幻想着自己能够成功就真的成功了呢？成功是做出来的，不是想出来的。

我认识一些创业者，他们很多时候是有很好的想法，但就是前怕狼后怕虎，迟迟不肯下手。后来别人做了，并且成功了。他就后悔地说："当初我也有这个创意，就是没干。"对！你就是光想了想，没去干。

绝大多数创业者都是一样，晚上想出路，白天走老路。他们往往想出很多创业点子，但从来没有很好地执行过。于是他们的事业永远没有起色。

不少人问过这样一个问题："老师，很多人都觉得我的创业规划做得很好，可是到最后为什么我就失败了呢？"我想说的是，你是否真的按照你的想法和规划去努力执行了？

作为一个创业者，你既要在创业路上有想象的天赋，对自己企业未来的发展之路进行规划，又要有高度的执行能力，按照你的发展规划执行，一步步将其变为现实。很多时候，理想是美好的，但不付诸行动，再美好的理想也都是幻想。所以，创业成功的关键，不是制定了多么完美的发展规划和方案，而是立即行动。执行力不到位，一切等于零。

一个人，只要你努力了，付出实际行动了，往往没有你做不到的事情。创业亦是如此。除了有很好的点子，还需要付出实际行动，才能将你的点子变为现实。

以下是我给那些永远停留在想象，而不着手执行的创业者的一些忠告：

1. 不要等到条件完美才行动

如果你以为等到时机成熟再采取行动就会成功，那么我很认真地告诉你，未必。因为你可能永远都等不到这个时机成熟的时间点。就算你等到了，可能那时候你已经没有施展拳脚的机会了。因此，你必须立即采取行动，将你的想法在第一时间付诸行动。

2. 练习去做，而不是去想

如果你想创业，想取得成功，也想到了成功的方法，那么现在就去做。因为想法一旦停留在你的脑子里时间越长，它就会逐渐变弱。也许几天之后，细节就会变得模糊。而一周过去之后，你很有可能已经完全忘掉了它。

3. 自律很难，懒惰很容易

企业发展规划是你付诸实际行动的前提，而行动力才是执行的真谛。大多数人往往是思想上的巨人，行动上的矮子。极少数人能够做到自律，并且在确定目标之后，能够坚定信念朝着既定的方向去不断努力。

现在这个社会，竞争如此激烈，最不缺的就是人，欠缺的是智慧和行动。你有想法，并且认准了，就要立即行动，否则在你停下来思考的那一刻，就被别人抢占了先机。行动了，才有成功的可能；不行动，必输无疑。

创业需要敢于冒险的偏执狂

我们常说：没有胆量就没有产量。翻开创业成功者名册，不难发现，那些人人景仰的成功者，大多是顶着风险从钢丝绳上走过来的。

英特尔公司创始人安迪·格鲁夫曾说过这样一句富有哲理的名言："只有偏执狂才能生存。"而创业，更需要的是这种近于偏执狂的冒险精神。

相信很多人都听说过美国有一位出了名的百货业大王，他的名字叫约翰·甘布士，他就是一个敢于冒险的胜利者。

美国出现经济危机的时候，很多企业因此受到了重创，他们不得不贱卖存货，以避免倒闭的风险，以至于出现了1美元就可以买到100双袜子、50美元就能买到一辆八成新汽车的悲惨景象。

当时，身为一家机械厂工程师的甘布士，看到此情形，认为自己的机会来了，于是当机立断拿出自己的所有积蓄，并筹借了200万美元，全部用于购买人们抛售的低价商品。人们都认为甘布士是个"傻子"，别人抛售，他却大量买入。但甘布士丝毫没有理会别人的嘲笑，反而加大了购买力度。在甘布士没钱买进的时候，那些抛售的商家却不惜以对方欠款的方式恳求甘布士继续买进。后来，甘布士因此欠下了3000万美元的货款，其仓库也增加到了18个。他的妻子认为甘布士肯定是"脑子进水了"。

不久，美国政府出手干预物价，并大力支持厂商们恢复经营和生产。此时，人们又陷入了现货紧缺的困境。结果物价又开始飞涨。此时，甘布士瞅准时机，将自己手中的货物开始抛售。为此，甘布士不仅赚了一大笔，还因为客观上起到了稳定物价的作用，受到了美国政府的表彰。之后，甘布士开了5家百货商店，成为全美举足轻重的商业巨子。

我认为世界上的机会分为两种，一种是我们看到了别人没看到的前景，然后我们做了而且成功了。这种机会不是很多，也不是每个人都能遇到。另一种是在别人不看好、认为是"傻子"才会做的事情，我们却能大胆扑上去。这种是我们常见的，也就是我们口中说的"冒险"。

约翰·甘布士的成功，就在于偏执狂般的大冒险。所以，我鼓励创业者冒险，要敢于冒险。因为：

首先，冒险就意味着机遇。我们在冒险的时候往往伴随着巨大的成功，隐藏着只有那些勇敢者才能捕捉到的商机，更隐藏着巨大的财富。相反，如果你只安于现状，不愿冒险，那么你就失去了成功的可能性。

其次，冒险也等同于创新。尤其对于那些初创者来讲，在打江山阶段，更需要寻找市场空隙，找到市场热点，这就离不开创新。然而，任何创新都离不开冒险。没有冒险就不会有创新，没有创新就不会成功。

此时，一定有人要说：冒险的同时也有风险。的确，冒险的过程，也是一个承担风险的过程。而冒险的时候要做到减小风险，这样的冒险才是有意义和价值的，才能对你的事业有所帮助。所以，关于创业要敢于冒险，我做了以下几点总结：

1. 冒险并不等于盲目蛮干

冒险之前，一定要记住，自己身后肩负着整个企业兴衰的使命，一定不能盲目冒险。要想冒险，首先就要对企业自身、市场现状、客户特点等进行全方位考量。只有适合企业自身发展、符合市场发展规律、符合客户需求的冒险，才能助你走向成功。因此，冒险也要科学冒险、理性冒险。

2. 六成胜算，立即行动

冒险有风险。如果你在冒险之前不做好准备工作，无疑加大了失败的风险。我一贯主张事情如果有六成胜算，你就需要立即行动，这样你成功的概率才会更大。

3. 冒险就要打破常规

冒险就是要打破常规，不做大多数。如果人人都做的事情，你也上前凑热闹，在夹缝中生存是很艰难的。如果敢于冒险，能打破常规、另辟蹊径，则会有很大机会换来柳暗花明的风景。

付出是没有存折的储蓄，冒险也是一种为了企业发展而勇于承担风险的付出。一个不愿冒险，不愿付出的人，没有机会存储成功，也不会成功。所以，不要害怕"与众不同"，不要害怕成为别人眼中的"疯子"，抓住眼前的机遇，你就拥有了更大的成功机会。

第三章
创业思维高度决定事业高度

> 创业好比是在下一盘棋,需要创业者既能够统筹规划,心中有蓝图,又要能够做到细致入微的考量。而这一切都需要创业者有很好的思维体系。你的创业思维高度,决定了你事业的高度。

先赚人心后赚钱

通常创业者赚钱有三个层次：人找钱、钱找人、钱找钱。

人找钱：作为初创者，在起步阶段，人脉资源欠缺、资金不足的情况下，需要人找钱。而这个过程是非常辛苦的，主要靠勤奋努力获取。

钱找人：当你通过自身的努力之后，在业界变得小有名气，自然会吸引人主动前来与你商讨合作。

钱找钱：当你的企业掌握了雄厚资本之后，用你手中掌握的资金去赚钱，用钱生钱，那么你将会获得更多的财富。

但我认为，赚人心比赚钱更重要。

自古有句话叫"得人心者得天下"。在这方面，我认为创业其实就像打江山。

在古代，作战靠人的数量取胜；创业，靠的是流量的多少取胜。打江山，获得广大民众的支持，需要有能够让民众真正获得好处的惠民政策，以此赚取更多的人心；创业，同样需要把赚取人心放在第一位。有了人心，你的影响力自然就能得到提升，"**粉丝**"自然多起来，人脉自然更加广泛，自然能为你带来更多的财富。

我在这里总结了一个公式：影响力×流量=暴利

怎么理解这个公式呢？当你懂得如何得人心，并通过一定的方法得到更多的人心之后，你在人们心中的影响力自然会大幅提升，此时也会由此获得更多的流量。当影响力和流量聚集到一定程度之后，你将获得的是巨大的暴利。

创业，尤其是做小买卖，要想做大、做强，就需要有人"捧"，需要有强大的人际资源。绝大多数创业者在创业之初往往人际资源严重欠缺。此时，一定不要将赚钱放在第一位，要把赚人心、赚人脉放在第一位。因为只要有了人心、有了人脉，这些人心和人脉就会转化为"粉丝"。也就意味着有了足够量的客户群体，就能赚取更多的财富。可以说，用人心换取暴利，是赚钱的最高境界。

创业，重在赚取人心。赚取人心的关键，就在于抢占用户心智。以下是几种有效的方法：

1. 深挖用户痛点

人类无论产生任何行为，都是由思想决定的。换句话说，思想决定行动，而行动则决定结果。心智即思想。如果不能占领用户思想即心智，就难以让用户做出任何有利于企业发展、为你的企业带来价值和利益的行为，更难以为你带来盈利。在我看来，抢占用户心智，最重要的一点就是要深挖用户痛点。痛点就是用户在日常生活或者某种行动中遇到问题，需要一种解决方案来化解生活或者行动中的阻碍。用户痛点背后，往往隐藏的是需求和阻碍，如果能够帮助用户克服这些需求和阻碍，用户的痛点自然解除。而实现这一点，就需要你能扩大用户需求，减少阻力。

扩大需求，相信大家都能理解，就是增加用户需求面。那么什么是用户阻力呢？简单来讲，就是用户在享受到价值的同时，还需要其做他们不想做的行为。这就是用户阻力。

举个简单的例子。便利超市为何火爆？是因为消费者之前去大型超市购买物品，往往需要乘坐10分钟的公交车，还需要花同样的时间返回。而这10分钟的公交车路途，对于用户来讲，就是阻力。家门口的便利店，只要走2分钟就能到。相信更多人愿意去家门口的便利店。

当你能够为用户解决这两方面的问题，也就意味着为用户解决了让他们感到"痛"的问题，让他们不再因为这些困扰他们的问题而感到烦恼。此时，用户已经在内心中认定你就是那个能够为他们带来真正帮助的人，进而会心存感激。这就是占领用户心智的表现。

2. 让自身优势无限放大

如果你的企业只有一个优势，那么是很难让人们发现的。但如果你的企业有无数个优势，别人不发现都难。所以，让企业的优势无限放大，让更多的人了解你的企业，人们才会逐渐爱上你的企业，而且在更多人的内心中形成固有的形象。此时，你已经通过无限放大的优势赢得了更多的人心。

3. 抢占市场制高点

任何时候，只有第一名才最容易吸睛，才最容易受人关注。巨头之间的竞争，对于中小型企业来讲是非常难熬的，没有资金与大型企业"火拼"，就只能抓住仅有一点的细分市场，好好经营客户，以此抢占市场制高点，抢占用户心智。否则就要面临死亡的风险。

例如，伊利和蒙牛，作为两大竞争对手，早已在乳制品领域抢占甚至垄断了市场。其他乳品企业要想求生存，并能在已有的市场格局中抢占一席之地，就需要从细分领域入手。光明乳业，主打"新鲜牛奶"，在市场中排名第一；君乐宝乳业，专注于酸奶市场，并在该领域名列前茅……这些小众乳品，就是通过细分领域的好口碑，做到排头兵位置，逐渐深入人心，占领消费市场的。

4. 让自己更专业

越是专业的东西，越容易获得别人的信赖。所以，你只有通过专业服务、专业知识、专业分析、专业装配等，让自己和企业看起来更专业，才更容易占领消费者心智，让消费者内心获得对你和企业的认可。

对于创业者而言，在创业过程中摸索出能够赚取人心的方法，要胜于和先于摸索赚钱的方法。因为，当你聚合人心的那一刻，财富自然而然向你靠拢。同时，你聚合的人心，还会作为你的免费宣传者，为你带来更多的人心和更多的财富。只要找到赚人心的方法，一切水到渠成。

该放权时就放权

你作为一个创业者，更是一个企业的领导者，就要有对整个企业运筹帷幄的能力。而这种能力，就好比是作战军队中的将才，能够具备高深的学问和谋略，纵使手握残兵败卒，只要善于运用，也能成为横扫千军万马的精兵猛将。

我发现，现实中，很多初创公司的创业者，往往任何事情都亲力亲为。这对于你自己而言，往往将自己忙得晕头转向，进而工作效率低下，带着整个企业缓慢发展；对于员工而言，他们的一切决策都等着你去决定，由此感到"英雄无用武之地"，无法发挥所长。这样的领导，显然不是上等领导者，会使得整个企业组织松散、下属无所适从，不利于企业的成长和发展。

你要想让自己有所作为，成为一个出色的领导者、出色的企业家，就要明白一句话：用人干比自己干更重要。因为，当你将任务分发给别人去做的时候，你就可以节省出更多的时间规划和制定整个企业的发展方向和策略。作为一个初创企业的领导者，你无法真正承受孤独和孤军奋战，这样不但你会感到累，你的员工也会丧失工作动力。

而要想明白"用人干比自己干更重要"，我认为，最重要的就是要学会判断何事要亲力亲为，何事要授权他人完成工作。对此，我总结了以下几个技巧，可能对你有所帮助：

1. 何时需要亲力亲为？

第一，解释需要太长时间时

如果一项工作，需要花费很长时间向员工解释该如何去做，但这件事你自己做只需要几分钟就能完成，那么这个时候你就可以选择自己完成；如果是一项需要着急完成的工作，而且你知道自己做，实效性会最好，那么这个时候你可以选择自己完成。

第二，某项工作需要专业性极强的人参与时

如果一项工作需要极强的专业知识，而你恰好在这方面有特长，那么你就应该发挥自己的专长亲自着手去做。如果你想打造专业团队，此时就需要你亲自向团队成员分享你的专业经验，只有这样才能打造出一个对你有帮助，而且支持你愿景的团队。

第三，当你害怕挑战时

如果你在做特定工作时，突然想停下来，让别人帮你去做，此时，你就需要问问自己：为什么会有这样的想法？如果你想让别人帮你，是因为这件事对你来说是一个挑战，你害怕自己无法完成而感到恐惧。那么此时，你需要正视自己内心的恐惧，跨过工作中出现的各种障碍，尽自己最大的努力去坚持完成。这样你才能不断成长，变得更加优秀。

2. 何时需要放权？

第一，遇到繁琐却简单的工作时

如果一件工作耗时过长，且对你来说闭着眼睛都能完成，那么你就需要解放你的双手，将工作交给员工去做。因为，这样的事情毫无挑战性可言，也无法提升你的职业技巧。如果这样的事情您还亲力亲为，无疑是在浪费时间。这时，你可以把工作授权给员工，让他们学习新的技巧。而你可以去寻找更具挑战的事情去做。

第二，员工需要成长时

对于初创企业而言，对员工进行培训，也是保证企业成长和长远发展的必备过程。这样，一方面，员工获得了成长，并且能胜任一定的工作；另一方面，会让你的待办事件列表变短很多，你可以将自己宝贵的时间用在更重要的工作上。

第三，当你需要新奇想法时

如果一个人总是在用同一种方式工作，久而久之就会失去寻找其他工作方式的能力。渐渐地，你就会发现自己的思维停滞了，这时候你最需要的就是注入新鲜血液。你可以邀请从未参与过这项工作的员工，让他们分享自己的想法。这样做，你会发现很多新奇的想法和视角，让你的工作效率大幅提升，而且充满新的可能性。

要想让自己的企业能够快速成长，创业者就需要学会该亲力亲为时自己干，该放手时让人干。作为一个企业领导者，如果不能明白"用人干比自己干的重要性"、不能学会何时用人，一切自己亲自操刀，那么就只能把自己"干到死"。因为你的个人能力再大、再勤奋，但精力、思维能力是有限的。该放权时就放权，借力使力不费力，这样你才有精力和时间去捕捉更好的商机。

模式优于经验

很多学员问我:"老师,做公司到底是模式重要还是经验重要?"对于这个问题我给出的答案是:"用模式比用经验干更重要。"

我经常发现,有不少小老板擅长用经验干,认为创业过程其实就是一个积累经验的过程,经验积累到一定程度之后,用经验去做企业,自然会容易很多。我并不否认这样的观念和想法。那些擅长用经验干的人,往往招揽来一帮人,凭借经验去做事业,一旦员工发生变动,出现离职、人事调动,一切都要从零开始。因为这样的企业虽然积累了不少经验,但他们并没有固定的管理模式、经营模式、工作模式、营销模式、服务模式等。如果不能将这些模式进行固化,那么就永远活在经验里,忙而无效。

只有将这些模式进行固化,才容易被复制,容易形成裂变,才能谈得上效率。因此,所有小企业能够发展壮大,都是具备复制力和裂变力的。具有复制力和裂变力的核心,就是模式的成型和固化。

例如,开一家小餐饮店,如果能够在经营过程中逐渐打造适合自身发展的引流模式、服务模式、管理模式、用人模式等,那么当这个小餐饮店的这些模式走向成熟时就可以开设第二家分店,甚至更多。

开一家店是小生意,开一百家店就已经形成了一定的规模。所以,天下没有小生意,只有不懂模式重要性的小老板。

蒙牛CEO牛根生早期就职于伊利，做到了生产经营副总裁的位置。伊利记录下了他的辉煌。但后来牛根生从伊利走出来自己创业。如今，在牛根生的带领下，蒙牛已经成为中国乳制品领域能够与伊利相抗衡的企业。

当问及蒙牛有什么成功经验时，牛根生的回答只有两个字：模式。

蒙牛在创业过程中，形成了很多模式：

定位模式：蒙牛的产业定位是"聚精会神搞牛奶，一心一意做雪糕"。

作业模式：蒙牛的目标倒推是"从无做有"，即从目标出发，反向推演，倒推资源配置、倒推时间分配、链接战略战术、链接方法手段。

激励模式：牛根生将自己80%的年薪都给了员工。这就是蒙牛的激励模式。

文化模式：与自己较劲。

合作模式：通过共赢、共生，与产业链上的所有成员都结成了命运共同体。

市场模式：集中优势兵力，先在高端市场树立品牌，之后再向二三线城市推动。

除此以外，蒙牛还有品牌模式、速度模式、整合模式、选材模式、旗舰模式、扩张模式、分配模式、责任模式。打造如此多的模式，足见蒙牛对于模式的重视程度。

当然，模式比经验更重要，并不是说经验不重要。企业最好的发展就是"模式+经验"，模式为主，经验为辅。根据一定的模式，在发展的过程中，再融入经验，这样企业才能走得又好又快。

创业重在品牌塑造

做企业，在很多人眼中就是为了赚钱，但要想赚得盆满钵满，必须打造属于自己的品牌。

做生意，初期为了能够维持一切开销用度，将重点放在盈利上无可厚非。但企业发展到一定规模和程度之后，老板骨子里一定要有品牌思维和品牌意识，因为品牌最终能养你到老。

那么究竟什么是品牌呢？我个人认为，品牌就是一个容器，它涵盖了企业的人力、文化、历史、传承和创新等综合能力，承载了消费者的了解、信任，能够让消费者优先选择。这就是一个企业打造品牌的重要性。

既然品牌对于一个企业来讲十分重要，那么就需要为你的企业打造一个深入人心的品牌形象。以下是我给企业初创者的一点方法和建议：

1. 做好品牌定位

什么是好品牌？好品牌就是为用户服务，能够满足用户最基本、最本质的需求。一个品牌，如果脱离了用户需求，那么将毫无意义。因而，在做品牌定位的时候，第一点就是要找用户需求。这一点我给出两个方法：

第一是市场定位。稍微对市场发展规律留意的人会发现，其实与其说市场定位，不如说成用户需求定位。用户需求，也就是市场需求。

第二是产品定位。要明确你的产品面向的是哪些用户群体。产品定位时要找到与同类产品中差异化的地方，这样才能让你的品牌通过产品差异化而形成独具一格的特点。这样的品牌才能吸引更多的用户。

2. 塑造品牌形象

首先，塑造品牌形象。很多人认为品牌就是"名字+Logo"，如果是这样的话，那么满大街随便一家小店都是一个"品牌"了。显然这种观点是错误的。品牌，就是当我们看到竖着的"三道杠"时，就会想到阿迪达斯；当我们看到"M"的时候，就会想到麦当劳；当我们看到一个有缺口的"苹果"图案时，就会想到苹果手机……所以，品牌一定要有一个Logo，让人们看到形象的Logo，就能想到品牌。

其次，故事塑造品牌形象。品牌背后还需要有一段感人的品牌故事，这样才能让外表看上去很骨感和冰冷的图案，变得更加丰满和有温度。

最后，价值词塑造品牌形象。价值词好比是语言的钉子、视觉的锤子。它就是能够把核心关键词深深刻入用户脑子里面的词语。

王老吉的价值词就是"怕上火"；红牛的价值词是"困了饿了"；脉动的价值词是"关键时刻不在状态"……这些品牌抢占了很多价值关键词，植入人们的脑海中，而且"怕上火""困了饿了""不在状态"等，很多功能都是用户最基本的需求。

3. 做好品牌宣传

品牌虽然是根植于顾客心中的一种认知，虽然这种认知需要通过长期积累和打造才能形成，但不一定做了宣传就能形成品牌。对于这一点，无论你创业的方向是什么，很多时候，自己花了钱，投了广告，但并没有达到理想的宣传效果，并没有让大众熟悉和了解你的品牌。造成这种现象的原因在于，你的广告宣传并没有传播性。这样，你出巨资进行的广告宣传无异于打了水漂。

以往，人们做广告宣传，通过纸媒和传统电视媒体的方式进行。如今是自媒体时代，自媒体平台不仅仅解决的是低成本宣传的传播效率问题，还可以解决老带新的问题。在自媒体平台上，你发布的能引起情感共鸣的文案内容，可以为你带来数量庞大的"粉丝"，让他们成为你和企业坚不可摧的后盾，保证你的企业品牌可以永存。

感情是在交流中诞生的，没有自媒体时代，你与顾客的交流时间会很短。如今，自媒体时代，随时随地的交流成为现实。只要经常和顾客做交流，那么你与顾客之间的情感关系就会建立得十分牢固。所以，作为创业者，你要学会熟练使用自媒体为自己的品牌宣传造势。

当然，我在这里讲的品牌塑造，不仅仅包含传播，还要注重品质和服务、信誉、性价比等，这一系列构成了品牌。品牌最终就是顾客的体验，顾客心中对你是什么印象、使用你的产品和服务时是什么感受，决定了你的品牌在顾客心目中的地位。

好服务胜过千言万语

我做快手创业培训的时候，经常碰到有些很急的朋友，一连麦就抛出一个大问题，如"我是开火锅店的，如何才能快速提升业绩"，"我是做英语培训的，如何才能快速招生"，诸如此类的问题。

相信在很多人心目中，创业就是做营销，认为只要想办法做好产品营销，把产品卖出去，业绩自然提升。在这里，我要纠正一点：当今这个时代，还认为只要卖好产品就能提升业绩的企业已经玩不转了。

消费者的需求是随着时代不断变化的，以往产品匮乏，你只要做好产品，提升产品品质，就能为你带来销量。这往往是因为信息不对称造成的。如今是互联网、移动互联网时代，人们获取信息的渠道和方式越来越多，再加上产品同质化日趋严重，消费者选择产品，已经不再单纯考虑产品品质，他们的需求已经从原来单纯的产品需求发生改变，他们更加注重的是购买产品可以获得什么样的服务。

所以，在当下这个时代，创业者要明白，你卖出去的产品，并不是产品本身，而是通过产品能够帮助顾客解决问题的价值。谁能帮顾客解决问题，顾客就会喜欢谁、相信谁、支持谁，进而形成良好的口碑，让你的品牌能够"名扬四海"。这对于初创企业来讲，是一个十分重要的商业逻辑。

金杯银杯，不如口碑。服务对于你来说，是最廉价却也是最有价值的东西。你为别人提供最优质的服务，换来的就是用户对你的良好口碑，带来的就是更多的客户。这可以说是你做得最好的营销，甚至做好服务有时候比做好营销还要厉害。

那么如何才能做好服务呢？我认为可以从以下几方面入手：

1. 帮助客户实现梦想或解决他们挥之不去的痛苦

只要你的服务，出发点是为别人着想，那么你主动提供的服务是不会受到别人排斥的，相反会受到人们的青睐。

我认为，营销的本质就是帮助一批人实现他们心中的梦想。他们为什么会为你的产品或服务买单，就是因为你的产品和服务能够帮助他们实现梦想或者解决他们挥之不去的痛苦。每个人都会追求快乐，逃避痛苦。如果你能让客户快乐，那么你就能因此获得财富。你能帮多少人实现梦想，你能帮多少人脱离苦海，决定了你能赚多少钱。

这方面，我们不妨学学海底捞。

去过海底捞的人，都会对海底捞赞不绝口。为什么？并不是因为它的餐品有什么过人之处，重点在于它的服务。海底捞的每个服务员虽然没有接受过太多专业化的训练，但他们在为顾客服务的时候就有一条标准：来的客人就是自己的亲姑亲姨，按照对待自己亲姑亲姨一样的标准去服务就可以了。

在海底捞，顾客还有一项在别的餐馆里没有的特权，那就是"点服务"。如果你这次觉得谁服务得好，下次你来的时候可以继续让他为你服务。

海底捞的服务，虽然没有标准化规范，但是凡是来海底捞就餐的顾客，都会因为其特殊的服务而感到舒服、快乐，甚至感动。这里的服务员可以为你唱生日歌，可以为你跳支舞，可以替你照顾孩子……总之，这里的服务员就好像是你的家人一样，时刻为你着想。

2. 用"卧底思维"为客户提供服务

我这里讲的"卧底思维"，简单来说，就是做客户内心的"卧底"，从日常生活中人们的心理出发，挖掘他们最想要的服务。通过这样的服务，影响他们、触动他们，让他们为你的产品和服务买单。

例如，如果你去逛商场，走进一家安踏店，看到了一套运动服。安踏的小姑娘会说："为您推荐这套修身运动套装吧，我看您身形保持得很好，您可以试试。"此时，你肯定会认为安踏店员为你推荐的这套衣服真的很适合你，将你完好的身材体现了出来。此时，你肯定内心有所触动，进而买下这套衣服。

你之所以为这套衣服买单，其实是因为你被店员给出的"修身"这个推荐服务所触动。而店员的成功在于，能够潜藏在你内心，挖掘到你内心中最想得到的东西。

好服务胜过千言万语。服务就是最好的宣传，口碑就是最好的广告。创业者不要一心埋头做产品，多抬起头来看看客户真正的需求是什么，痛点是什么？或许你能找到更好的服务切入点。

抱团合作才有出路

想要跻身于成功创业者行列，你有一腔热血和激情，却没资金、没人脉、没资源，在这样的条件下，企业难以启动，更没办法正常运行。

创业，对于绝大多数人来讲，只有靠人脉、靠圈子，抱团合作才能取得成功，这是我一贯坚持的观点。一个人的能力毕竟是有限的，虽然也有单打独斗取得成功的人，但毕竟是少数。要想做大事，仅凭一己之力是难以成功的。只有找对合作伙伴，才能离成功更近一步。

抱团合作，可以为你在创业路上带来多种好处：

1. 扩大人脉

创业本身就需要一种合作和开放的心态。你与别人抱团合作，其实就是人脉资源的获取以及圈子搭建的过程，就是进行创业最好的开始。

2. 整合资源

这里的资源，不仅仅包括资金，还可以是产品资源、技术资源、渠道资源、项目资源等。很多创业者之所以失败，是他们没有主动调动身边的有效资源，而是采取被动防守和等待的方式。这样的被动创业岂能成功？如果几个合伙人，你有产品，我有渠道，你有资金，我有市场，大家在一起相互交流和洽谈，将手中的资源整合起来，这样便有了很好的创业基础和未来。

3. 共担风险

创业是有风险的，可能一次失败就能让你输得倾家荡产。所以，抱团合作，除了可以收益共享，还能风险共担，这样即便失败，也不至于输得太惨。

所以，初创企业一定要认清楚抱团合作的重要性，唯有抱团合作才是最好的出路，才能实现美好的未来。

现实中，很多创业者根本没有敞开胸怀，没有放开手脚，总是戴着一副有色眼镜去揣测别人，认为合作可能让别人抢夺你的资源，于是将自己封闭起来，所以没有未来。

挑选合伙人，并不是随意选择即可，而是需要通过科学的方法来挑选最适合自己的创业伙伴。以下是我总结的几个步骤：

第一步，根据自身的创业方向，确定你需要什么样的合伙人。

选择合伙人也要根据自己的创业方向来选择，这样你的合伙人才能为你带来更加对口的人脉资源、渠道资源等，才更有助于事业的向前推进。

比如，如果你开的是餐饮店，那么对于选择合伙人方面条件就要稍微放宽。因为人人都离不开衣食住行，只要有资金、有人脉、有能力、有经验的人，都可以成为你的合伙人。如果你进行创业，面向的是一些更加细分的领域，那么你在选择合伙人的时候，就需要考虑更多因素。例如，你打算做豆制品生意，你的合伙人除了需要有资金、有人脉、有能力、有经验之外，还需要有渠道、有市场，如有超市、菜市场、餐馆等渠道。

第二步，制定选择合伙人的方案。

选择合伙人，并不是一件盲目的事情，一切要慎重。因此，你应当根据需要制定选择合伙人的方案，方案中应当包括合伙对象、合伙内容，以及采取的具体方法，还需要拟定具体时间。总之，就是要广撒网，多备几个候选人，这样才能有充分选择的余地。

在选合伙人时，很多人会从自己的亲人、朋友、同学、同事中寻找，这一点我非常认同。为什么这么说呢？合伙人之间最重要的就是信任，而在熟人圈子里寻找合伙人，大家彼此了解，有一定的信任基础，所以合伙做事业比较容易成功。当然，如果熟人圈子里的人不适合做你的合伙人，这并不意味着你的选择对象就会枯竭。可以通过你的好友、同事等为你推荐合适的人选。

例如：阿里巴巴有18位创始人，有不少人是马云从自己的熟人圈子里找出来的。马云找合伙人是通过他的前学生、前同事、共同的朋友和志同道合的企业家寻找的。创始成员中有三对夫妇：马云和张瑛、师昱峰和金媛影、孙彤宇和彭蕾。再比如，楼文胜与马云是同一所大学的同学，金媛影是马云在杭州师范学院的学生。

除了阿里巴巴之外，再如Google的创始人之间是同学关系，当当的创始人之间是夫妻关系，腾讯的创始人之间是同学关系……

此外，你还需要评估一下对方的才能和发展力。所以，在制定合伙人选择方案时，不要目光短浅地选择一个或几个只能满足创业初始阶段的需求，而忽略未来需求的满足。只有做好现在和未来的权衡，才能找到那个正确的人。

第三步，对候选人进行考察、培养与磨合。

选择好合伙人之后，并不是万事大吉了。接下来还有更重要的事情，就是需要组织人员对每个候选人进行考察、培养、磨合，了解其性格、技能、动机等特性。如果是有创业经验的合伙人，可以边考察，边磨合；如果是没有创业经验，却在资金、人脉上对你有所帮助的合伙人，就需要对其进行考察和培养。

第四步，学会用人之道。

抱团合作，本身大家在一起就是为了共同的目标而创业。当然，人无完人，合作伙伴也不可能完美，此时你就需要一分为二地看待每一个合伙人。所以，你要对每个合伙人做到知人善用，将他们的优势最大程度地发挥出来。

对于创业者而言，抱团合作是出路，也是希望。能够学会找人、识人、用人，是一个创业者必备的能力。能够将对自己事业有帮助的合伙人聚合在一起，大家相互支持，不失为一条通往创业成功的理想之路。

学习是武装头脑的最好工具

一个老板之所以有优势、之所以很独特、之所以做得好，是因为他见过别人没见过的，理解了别人不理解的，甚至知道别人不知道的。能做到这样，前提是要有知识。一个老板，要想将自己的事业做大、做强，就必须花时间学习，融入学习的圈子，不断给自己充电。否则将自己置身于一个封闭的环境中，就会落后，难以跟上时代的步伐。

做生意就是做商战、信息战。你对所处环境不了解，对市场需求不了解，就在运营和开展营销活动的时候无法做出正确、科学的决策，无法进行管理创新、产品创新，做生意必定困难重重。

在当前瞬息万变的时代，最终干掉你的很可能不是你的竞争对手，而是面对未来依然故步自封的自己。因此，你只有不断学习才不会被这个时代所抛弃。任何时候，都需要有一个归零的心态，一定要不断学习，为自己充电。

我一个亲戚家的孩子，毕业后找了一份与自己专业对口的工作。但做了一段时间之后，她发现自己能从这家公司学习的东西太少，所以就跳槽到了另一家公司，从文员干起。后来被调到仓库管理、销售助理、销售经理的岗位去锻炼。最后她一路努力，成为这家公司的营销总监。虽然已经坐上了公司销售领域的头把交椅，但她还是疯狂阅读企业管理、市场管理营销等方面的书籍，不断给自己充电。

八年前，她发现很多人做电商做得风生水起，她也想做一家属于自己的公司。于是，她放弃了自己以往的辉煌，放弃了高额的年薪，开始自己的创业生涯。以前做的是线下销售，如今要将渠道搬到线上，她认为自己在渠道转型、平台运维、人员管理等方面还有很多是需要学习的。因此，她专门在一家电商培训公司报了培训班。学了很多相关知识后，她的电商公司成立了。然而，创业初期，她发现挑战才刚刚开始，自己之前学到的东西远远不够。于是，她又专程去电商领域有名的教育机构——阿里巴巴淘宝大学学习。

付出总会有所收获。在沉淀了很多电商运营知识之后，她对公司整体上做了一些调整和创新。这次，整个公司运营效率得到了极大的改观，自己的管理、运营能力也得到了快速提升，渐渐地一切都走上了正轨，而且经营得越来越好，开店第一年，收入上千万。

从这个孩子的创业经历中，我们不难发现：能够把一个不成熟的想法变成未来的事业去发展的，是学习；进入一个新的发展领域，能够在发展方向上实现创新的，也是学习；在创新过程中能够很好地把握未来的不确定性，能够将小概率事件做到成功的，也是学习。可以说，学习是武装头脑的最好工具。

一个人只有不断学习，你的视野才会变得更加开阔，思维才会变得更加敏捷，见识才会变得更加高远，而你整个人才会有所提升。所以，要想成功创业，首先就需要自己成为一个有视野、有战略、有学识、有远见的创业者。

对于创业者，如何通过学习将自己和企业的发展提升到一个更高阶的水平，我总结了以下几点：

1. 要有长期知识储存的能力

知识就是一个通过学习不断积累的过程，当你从外界输入知识之后，还需要对你所掌握的知识进行存储，否则即看即忘，如走马观花一般，既没有学到对企业发展有益的知识，又浪费了自己的时间。

很多时候，我们所学习到的东西是碎片化的，需要我们去整理，并定期复盘。

2. 创业不同阶段的学习要有不同的境界

当你学到的东西攒到一定量之后，你会发现，你会在一段时间内产生很多个好想法，并将这些好想法用于企业发展。但在创业的不同阶段，事业越往后发展，创业难点和挑战也越多，此时就对创业者的认知水平和学习能力的要求也越来越高。这就决定了你在创业的不同阶段，会在已有的水平上向更高一层的东西学习。此时如果你还是在用以前的方法学习以前的东西，那么你是难以达到提升效果的。

就拿上个案例中的孩子来讲，在创业初期，她找的是一些普通的培训公司去学习。当掌握了基础创业知识之后，便开始创业。在事业前进的过程中，她发现挑战越来越多，就选择更加专业的淘宝大学学习。我认为她在这方面做得很好。

3. 输入来源要多样化

开会的过程，本来就是一个集思广益、探讨公司发展前景的过程。创业者可以在开会的时候，学到很多、了解到很多自己以往并不知道的信息。但很多创业者，在开会的时候，几乎都是单项交流为主，将开会作为一个任务传达的工具，他们在开会的时候，表现出的学习能力往往相对偏弱。

所以,不要以为自己看书、看微信、看视频、上培训课就是在学习,与人交谈也是一种很好的学习方式。要注意知识输入来源的多样化。

第四章
创业加速成功五大秘诀

创业成功率虽小,但并不是所有成功者都是凭借幸运女神的帮助才取得成功。失败有原因,成功有方法。掌握创业加速成功秘诀,你也可以像踩着"风火轮"一般,快速到达成功彼岸。

选对行业，方向比努力更重要

一个创业者，能够成功的秘诀是什么？努力、付出、坚持……我不否认，这些答案都对，但还必须有一个前提：你必须选方向。有一句话：选择比努力更重要。创业是一个人人生中十分重要的一部分，如果选错行业，努力越多，付出越多，坚持越久，离你想要的结果就越远。

不是每个行业都适合你去做，也不是每一个行业都正当好时机，选对行业才有美好的发展前景可言。

作为过来人，对于创业方向的选择，我的看法是：

1. 分析市场规模

市场规模的大小，决定了行业的发达程度。所以，你在选择创业行业前，一定要对市场的整体规模进行分析。作为一个创业小白来讲，不要被"市场规模""分析"这几个字吓到。进行市场规模分析，看上去"高大上"，其实并没有你想象的那么难。只要你能获取到市场规模数据、会识表，这样就可以了。

市场规模数据如何获取呢？如果你做的是生活服务项目，你需要通过查询专业数据公司的数据报告。比如某个专业的数据公司预测，某一行业下一年的市场规模与本年度市场规模相比，增速放缓。这个时候，你就要对选择餐饮行业创业好好掂量一下。而且你还要立足整个市场的占有率来考量，该行业是否已经有领头军已经占据了绝大部分市场份额。而你作为创业小白，既没有比人家好的产品，又没有比人家多的资金，你如果要选择在这个行业，很明显难以脱颖而出。所以，你要从市场规模较大、增速较快的行业中寻找创业机会。

很多时候，数据公司还会以图表的形式呈现发展趋势，而且非常清晰、直观。所以，你可以从图表中直观地了解到这个行业的市场规模、增速等，从而洞察到该行业的市场潜力是否巨大。

2. 分析用户规模

用户规模，也是你选择创业行业前要做的功课。

当前，微信作为社交平台，上面已经聚集了超过12亿中国用户。这个数字已经与中国的网民数量非常接近。因此，你如果想开发一个基于熟人的、像微信一样的社交产品，我觉得这对于你来说是一个非常巨大的挑战，而且几乎不可能取得成功。当然，如果你资金雄厚，又愿意烧钱，你可以忽略我的建议。

当某个行业的用户数量已经达到饱和的时候，你就不再适合往这个行业里挤了，否则只能让你挤得头破血流，还会让你投入的资源、资金付诸东流，你会输得很惨。

但当前，有很多人开始关注下沉市场，及三线以下城市与农村地区的市场，这里被开发的用户比较少，你成功的概率比较大。比如快手、拼多多，就是靠下沉市场快速崛起的。

3. 了解付费能力

有付费能力的行业，才有消费能力，有消费能力才有变现能力。因此，付费能力越强的行业，就越是最佳的选择。前几年，有几款社交平台很火，一批产品打造出来之后，融资者纷纷前来合作。但最终这些平台都销声匿迹了。其失败的原因，就在于其没有找到很好的商业模式，用户也不愿意为其开发的一些简单的小游戏付费。所以，无论你打算做什么行业，开发什么产品，都必须了解用户是否愿意付费，以及用户的付费能力。

创业者一定要学会抉择，找到好的行业，才可以让你后续的努力事半功倍。

小成就靠个人，大成功靠团队

在我们当前所处的这个时代，创业对于团队的需求，比任何时代都显得迫切和重要。

世界石油大亨保罗·盖蒂曾说过一句话："我宁肯有100人，每个人付出1%的努力来成功，我也不愿意用我一个人，付出100%的努力来成功。"的确，一个人的能力是有限的，虽然通过个人努力能够取得成功，但这样的成功只能算是小成就。要想把事业做大、做强，就得靠一群人一起团结合作，要知道"1+1≥2"。所以，作为一个创业者，如果不具备团队意识，不具备团队创建和团队运作能力，只能在小成就里沾沾自喜。即便你是个天才，也需要团队协作，才能成就事业的辉煌。

在非洲草原上，如果见到羚羊在奔跑，那一定是狮子来了；如果见到狮子在逃命，那一定是象群发怒了；如果看到成百上千的狮子和大象集体逃命的壮观景象，那是什么来了呢——蚂蚁军团来了。这就是团队的力量。

创业初期是组建团队最困难的时期。因为刚刚创业，没有市场、没有品牌、没有用户、资金有限，此时招聘初创成员，对于创业者来讲是很难的。尤其是那些要想将优秀人才揽入麾下的初创企业，还需要承担高额的薪酬支出，因此具有很大的挑战性。但这并不意味着初创企业就招不到合适的、优质的团队成员。因为，总会有一些能力强、喜欢挑战、希望在初创企业中展现自我价值、提升个人能力的人，会选择加入你的团队，与你共迎挑战。

所以，在我看来，想要创建优质团队赢得更大的事业，你需要做好以下两方面的工作：

1. 明确团队成员必备的基本特质

初创企业要想组建一支强大的团队，就需要在招聘的候选人中挑选这样类型的人：

（1）喜欢挑战日常工作；

（2）能够适应快节奏的工作；

（3）有能力胜任工作；

（4）要有抗压能力、创新能力、学习能力、理解能力、执行能力；

（5）对工作充满激情，有追求、有野心，而不只是单纯地想要一份朝九晚五机械式的工作；

（6）能够明确何时需要分工，何时需要合作。分工时能独立完成，合作时能相互协同、分清层级和主次。即在合作过程中，明白自己的位置，是做辅助性工作，还是担任团队的主要负责人；

（7）能认可领导者，极具忠诚度。如果都想做"老大"，那么就只有另立山头，自立为王，这样的人不宜作为团队成员录用。

明确团队成员必备的基本特质之后，你就可以参照以上几点对团队成员候选人进行有效筛选，获得你最想要的人。

2. 明确招揽团队成员的方法

初创企业在前期无法给人才太多的资源，但可以通过你的诚意来打动他们，使他们能够看到你的诚意和决心。人都是有感情的，要有不达目的誓不罢休的决心，要让他们看到他们就是你要找的最合适的人选。一次不行就两次，直到他们同意为止。虽然这个方法看似有点强逼的嫌疑，但往往最笨的方法也是最有效的方法。

如果你能够做好以上两点，那么就能够借助团队的力量为企业创造"水涨船高"的加乘效应。

与成功者同行，活在成功的磁场里

我觉得，对于创业者而言，最核心的东西就是练就一身持续"打怪升级"的能力。创业，看似是你在为事业忙碌，其实是在不断为自身能力的提升而忙碌。当你能力的提升从量变实现了质变，那么你在创业路上走得也会容易许多。

混好圈子，圈子决定未来。在现实生活中，一个人和谁在一起很重要，甚至能改变一个人的成长轨迹，决定一个人的人生成败。

作为一个初创者，内心对成功的渴望是十分强烈的。每个初创者都希望自己能够成功，同时为了这一信念，更是在创业路上不断拼搏着追逐成功。但对于初创者而言，成功并没有像想象中那样容易。你若想取得事业上的成功，除了努力，你还需要与成功者同行，不断在各方面学习成功者的经验、观点等，不断提升自己的创业能力。正所谓："与智者同行，必得智慧；与高人同行，心灵齐飞。"你如果能让自己活在成功的磁场里，那么你就会向成功靠得越来越近。

如果说创业成功有方法，我认为不断学习也是创业成功的一个重要方法。只有不断学习，才能不被时代所抛弃。一定要有归零的心态，去看看每个人的优点，学习每个成功人士的长处。尤其是向一些成功者、高人学习，可以帮助你快速拆掉思维的墙，让你加速成功。

很多时候，我们在创业路上遇到的事情、经历的困难，在过去很多创业者也同样经历过。尤其是那些成功者、高人，他们之所以成功，或者说他们的过人之处，就在于他们已经总结并探索出了更好的创业模式、运营策略等，而且有一定的思想高度，有独到的管理理念和经营智慧。这些对于每个创业者来讲都是最为宝贵的财富。如果你能向这样的成功人士讨教学习，以他们为师，那么你的困惑、困苦就会迎刃而解。

孔子在《论语》里还有一句话叫作"述而不作"。其意思就是将前辈的智慧、心得加以陈述，跟着学、跟着做，而不是自己随意盲目创作。那些商界的成功人士、高人，往往是行业内的标杆。对于初创者而言，他们如此优秀，完全可以当你的老师，成为你创业路上的指路明灯。如果你能与他们为伍，那么你就能够耳濡目染，从他们身上学到很多对你的事业有用的东西，能够为你在创业路上指点迷津，助你事业加速成功。

但在这个世界上，大多数人容易犯一个错误，那就是自以为聪明。自以为聪明的人，往往会自己去瞎琢磨、自己盲目创新，所以他们的创业之路会走得比较曲折一点。要知道，创业路上遇到的这些困难，在过去的创业者身上早已发生过。你只要将这些困难的解决方法，从过去的成功者身上总结出来，并按照其方法去执行就好了。所以，这比你花大把时间和精力去瞎琢磨、盲目搞创新要省时省力很多，能够让你少走很多弯路。

与成功者同行，能够加速事业取得成功。有了这样的逻辑，接下来，你要做的就是想方设法靠近成功者，能够被成功者接纳，能够与成功者混在一起。我认为，以下三种方法是你能够接近成功者、能够与成功者混在一起的最好途径：

1. 用真诚换来成功人士的接纳

任何时候，一个人的真诚是不容易被拒绝的。如果你想要和成功人士同行，就需要用你的真诚来感化那些成功人士。所以，不论你是通过朋友圈，还是通过朋友介绍，一定要结识一个事业有成的人。即便你花费大量时间和精力，也要和这样的人成为朋友。一定要拿出自己的真诚，告诉他你十分崇拜他，想要像他那样成为事业有成的人，并请求他带你一起"玩"。此时，你越真诚，就越能让对方看到你的一片真心，就越容易被对方接纳。能与事业有成的人"玩"在一起，他会成为你创业路上最好的教科书，对你在创业路上取得成功起到很好的影响和引导作用。

2. 向成功人士谦虚学习

成功人士无论在创业理论，还是在创业实践方面都有一定的方式和方法。所以，你要谦虚地向成功人士学习。谦虚、示弱，是很多创业者所缺乏的东西，他们虽然内心中对成功者十分敬重，但却有一种不甘示弱的抵触情绪；虽然暗自敬佩成功者，但嘴上却常常不肯服输。其实，那些成功者之所以能够成功，也都是走过很多弯路、经历过很多次失败之后，才有了更多的成功经验和方法，才在创业过程中有了很多好的见地。他们往往善于分享自己的经验和资源，愿意点拨后来人。如果你能够主动向成功者寻求帮助，说出自己的问题，包括自己解决问题的思路，那么成功者才能知道从哪里帮助你，为你答疑解惑。

例如，马云作为成功创业者，可以说是我们这个时代的传奇人物。虽然现在已经退休了，但他依然坚持做演讲，在讲述自己的创业故事时，还主动向大众教授自己的管理方法、用人方法等。当演讲结束后，还专门留下一定的问答时间，真诚、坦诚地为那些创业路上的后来者指点迷津。在马云的指点下，那些在创业路上遇到困难和疑惑，却没有找到很好解决办法的人，在听过指点之后往往茅塞顿开，平添了更多创业的激情和信心。

事实上，你向成功人士谦虚学习的过程，一方面能从成功人士那里获得帮助，另一方面能让成功人士更多地了解你。当成功人士在这个过程中，发现你是一个积极向上、谦虚学习、为人正直的人时，自然愿意打开心扉，接纳你，这样你就能更容易成为他的朋友。

3. 积极参与交流活动

很多时候，成功人士也喜欢和其他成功人士走在一起相互学习和交流。比如，我国每年都会举办中国创业者大会，而且每年大会上都会邀请全国各大科技公司、专家学者、行业领袖出席。这些都是各行业的佼佼者和领军人物。如果你能积极参与这样的活动，抓住这样难得的机会听听创业大咖们的心得，学习一些在日常所不能了解的新观点、新思维、新模式，从而开拓我们的视野和思维广度，这对你的创业过程将大有裨益。

创业加速成功有方法：和聪明的人在一起，你会更加睿智；和优秀的人在一起，你才能出类拔萃。你如果想快速取得事业上的成功，就要想方设法找机会与成功人士靠近，与成功人士"玩"在一起。

找圈子锻造自己

和聪明的人在一起，你会更加睿智；和优秀的人在一起，你才能出类拔萃。创业者，要想不断提升自己的创业能力，加速创业成功，就要找对圈子不断锻造自己。

其实，我觉得，"圈子"好比是练功房，你在练功房跟着什么样的人练，你就能成为什么样的人。对于初创者来讲，你缺的是资金、团队、人脉、经验，所以我建议你选择圈子的时候，也应当朝着这几个方面进行。

1. 资本圈子

创业过程中，资本的作用尤为凸显。可以说，一个好的项目，离不开资本的支持。如果说产品和用户是创业者的生命，那么资本则是使创业者生命得以延续的营养和粮食。如果没有获得融资的能力，创业者充其量只是一个思想家，一切创业的美好计划只能成为一个美好的愿景，难以成真。一个事业有成的优秀创业者，往往也是一个获取融资的高手。

如果你获取融资的能力和眼光还不够，就需要混入资本圈子。

首先，你需要了解那些掌握资本的人的想法是什么，他们更加看好什么样的项目。要知道，知己知彼，才能百战不殆。

其次，你需要与资本圈中的人在相处的过程中，展现出你是一个非常值得信赖的人，是一个有责任心的人，是一个能将创业项目经营好的人。所以，你必须让这些握有资金掌控权的人更好地了解你。当你有资本需求时，能让他们放心地给予你资金上的帮助。

2. 同行圈子

任何一个行业，都是由很多家企业一起做起来的，而不是一家企业的天下。但在同一行业中的企业，总会有参差不齐的现象，也会有不同企业之间竞争与合作并存的关系。只有大家互相学习、互相进步，才能使得整个行业向前发展。否则，人人孤军奋战，恶意竞争，只能加速整个行业的消亡。作为创业者，必须进入同行圈子去学习、交流、分享、合作，你在这个圈子里收获的东西将会有很多，如资源、人脉等，即便有的东西不会使你加速前进，但至少会让你收获不少业内人脉。

3. 创业圈子

创业圈子里的人，都是一些为了梦想敢想敢拼的人。这些人往往执行力高，头脑灵活，眼光更具前瞻性。如果能与这些人组建成一支精锐的团队，必定能够在市场竞争中战无不胜、攻无不克。当然，组建一支优秀的创业团队，并不是随便凑数，而是需要合适的人做合适的事。因此，需要你有伯乐的眼光,去发现创业圈子里隐藏的千里马。

4. 前辈圈子

虽说成功者并不能代表未来,但一定是过去辉煌的代表。任何一个成功者,都是经历了千锤百炼之后才取得成功的。所以,你必须进入前辈圈子,虚心请教,了解他们的经验和方法,这些将成为你未来创业路上成功的基石。站在巨人的肩膀上起跳,你会比别人跳得更远,更容易成功。

总而言之,资本圈子能为你带来想要的资金;同行圈子能为你打开人脉,交流学习、共同进步;创业圈子能够找到志同道合的人一起组建团队;前辈圈子能够为你带来成功的经验。创业者如果能找到这四个"练功房"去锻炼自己,相信你走出"练功房"之日,也是你整个人蜕变之时。

反思才能促成长

创业本身就是一条坎坷崎岖之路,即便再幸运,再顺遂,创业者也要有自我反思的精神。否则,这家企业就离"死亡"不再遥远了。

因为,他们更加懂得一个道理:反思才能促成长。

一个成功的创业者,他往往会做以下反思:

1. 是否有足够的耐心

一个成功的创业者,不但做事雷厉风行,讲求速度,也能够有足够的耐心,用耐心做出更加优质的产品,甚至为了产品精益求精,花好几年时间去精心打磨。

我们都知道,乔布斯可以说是手机领域的传奇人物。在事业上,他是一个做任何事都体现出足够耐心的人。当很多企业都已经在推出更多的新产品来抢占市场的时候，乔布斯带领的苹果公司却不为所动，他们按照自己的步伐前进。苹果所研发的产品，在一段时间内只有一项或少数几项。乔布斯甚至花十年的时间，仅推出五个型号的音乐播放器、三款手机和一个平板电脑。而其他公司可能在一年就会推出十几种型号的产品。乔布斯的这种研发精品的耐心也是无人能媲美的。

2. 是否有足够的定力

人往往是最容易受外界影响的。尽管有的人可能意志比较坚定，当创业过程中有合伙人告诉自己："我们现在还没有赚到钱，要不换个别的去做，或许我们更容易成功！"当创业途中遇到挫折和困境时，有人劝你："早就说你做不了这个，你还不听，现在看你如何收场！"当你听到这些让你动摇，甚至轻视、嘲笑你的话语时，你是否还能心如磐石一般，依旧保持初心不改？

3. 是否能抵抗住虚荣心

很多时候，人是难以抵抗内心的虚荣的。很多人认为，创业是一件体面的事情，更是一个涉及面子的事情。所以，将初创公司的办公地点设在了高档写字楼。虽然说创业初期人员、设备等都不多，在普通的地方租一套房屋办公也是可以的，但是他们担心朋友、客户来拜访的时候，看到自己的办公场地这么差，会用异样的眼神看自己，甚至会嘲笑自己。其实，事实上不是这样的，即便你办公室简陋，但你能为客户真正贡献出实实在在的价值，客户自然不会嘲笑你，反而会对你这种勤俭节约的企业文化大加敬佩。办大事者不拘小节，说的就是这个道理。

华为创立之初，是业内一个名不见经传的小作坊，而且在这个时期，华为每走一步都很艰难。因为当时华为的注册资金只有2万元，整个企业处于一个没钱、没人、没技术、没管理的状态。为了节省开销，华为将两间杂草丛生的简易房当作办公室。这样的状况，对华为的生存是一个极大的挑战。然而，谁也没想到，就这样一个看上去破落不堪、在各方面条件都有所欠缺的小企业，在十分艰难的情况下，还能一步步成长并壮大，一跃成为国际市场上的主力军。

相反，即便你的办公室装修得富丽堂皇，不出业绩，终究还是无人问津，甚至还会有人嘲笑你不务实。

所以，创业者，任何时候，做任何事情，都要多反省，不要让你的虚荣占了上风。

4. 是否明确成功和失败的原因

没有无缘无故的成功，也没有无缘无故的失败。无论自己成功还是失败，都不要骄傲，也不要懊恼。你应该做的是回过头来看看自己走过的路，找找自己成功的原因是什么，失败的原因是什么。这样，你才能知道重新上路时，哪里有坑需要避开，哪里有外力可以借用。这样才能让你在创业路上少摔跤，大步流星走向成功。

创业路上，多反思、多纠正自己的过失，你才能少出错，才能将创业之路走得更加漂亮。

第五章

避坑指南，助你远离创业路上的那些坑

创业是一个艰难的过程。在创业路上，有很多人掉进了自己挖的大坑中。这些血淋淋的痛，让后来者警醒。所以，创业，每走一步都要确保万无一失，你成功的可能性才会增加一分。然而，创业路上有很多不为人知的坑，如果发现不了、跳不过去，那么你面临的只能是失败。此处分享一份避坑指南，助你远离创业路上的那些坑。

毫无准备：说走就走，潇洒创业

　　创业是一件让人充满激情的事情。很多创业者血气方刚，在打工时，如果因为压力大、工资低、不自由、不顺心，便毫不犹豫地丢下一份辞职信，决定要创业。

　　说走就走的旅行，很文艺；说走就走的创业，很潇洒。但这样的人，纯粹是头脑一热、一时冲动做出了创业的决定，他们没有任何创业计划和准备。这样的创业注定失败。

　　孙悟空在五指山下五百年，才够资格去西天取经；姜子牙苦学40年，才有资格开始封神大业。这都是做足了充分准备之后才开始的。而如果你想今天辞职，明天就创业，还想取得成功，简直是天方夜谭。世界上哪有如此简单的事情？因此，很多人注定创业失败，是因为他一开始就掉进了毫无准备就去创业的坑里。

　　如果你想改变现有的毫无生趣的机械化生活，如果你想改变现有的生存状态，如果你想自己当老板，那么你选择创业是好事。因为这是一个人对美好生活的向往和追求的表现，是一件非常值得鼓励的事情。但你在创业之前，是否已经做好了各项准备？

我认为，创业者在创业之前，应当作好如下准备：

1. 做好创业心理准备

创业困难重重，无论你心态有多好，多么能容忍，随着事业的不断推进，难度和挑战都会逐渐加大，此时你可能处于一个疲惫不堪的阶段。如果你因为一时的挫折就将内心的负能量无限放大，这很可能波及团队，影响整个企业的发展。所以，既然选择创业，就一定要做好随时迎接困难、挫折、失败的心理。

2. 了解市场，选好创业方向

创业，不仅仅是你一个人的事情，还关系到你的合伙人、团队成员的命运，所以千万不能草率地加入创业大军当中。而是需要事先了解当下整个经济市场中各行业的发展状况，经过详细的分析之后，再选择更有市场潜力的行业，作为自己的创业方向。

3. 明确创业项目的可行性

现在，国家鼓励"大众创业，万众创新"，所以很多行业，国家会给予创业者许多优惠政策。总的来讲，创业环境良好。但这些对于创业者来讲，都只是起到辅助作用。重点还在于创业者要明确自己究竟想要做什么。创业，不一定你要有多么重大的发明，而是创业者所做的这个项目在现实中的可行性有多大。所以，任何时候，无论创业方向是什么，一定要有一个"B计划"，这样即便你的"A计划"没有可行性或者失败了，你还有"B计划"快速补上去，让你不至于手足无措。

4. 确立好创业目标和规划

有目标，才有努力的动力；有规划，才能让整个企业在运作的过程中有所依、有所循。因此，你不但要明确你需要什么样的合伙人，需要组建什么样的团队，需要什么样的资源，需要在几年后发展成什么样的企业，还需要给自己的项目设立一个创业资金上限。在我看来，这一点很重要。无论你的企业发展到什么状况，只要不能自负盈亏，就需要及时终止，否则失败的不仅仅是项目本身，还有你的人生。

5. 做好创业模式定位

创业的方式千千万，关键在于你想选择哪一种，或者你想通过自己的聪明才智去创造哪一种。

创办一家公司，并不是随意发展、任其自然生长。需要你提前设定好构建模式和发展理念，即需要怎样组建团队，怎样把公司发展成一个完美的公司，要打造成什么样的公司……这样，做好定位之后，创业过程中照着定位一步步去实践，犹如抽丝剥茧，才能使企业稳步发展。

如果你还没有做好创业准备，那么我劝你不要随意踏入创业领域，贸然行事，因为这样只会让创业失败率的分子再增大一个数字。

盲目合伙：随便找个人就一起合伙

作为创业者，尤其是初创业者，非常希望自己能找到合适的合伙人。因为初创企业更需要各种资源的倾注，才能推动整个事业的运作。所以，寻找合伙人是非常有必要的。

最近收到一份咨询邮件，内容是："我正在寻找创业合作伙伴。我的企业规模不是很大，不需要太多合伙人，可是我发现合伙人非常难找，我该怎么办呢？我在与几个朋友聊天时，发现我与他们很聊得来，是不是可以选择他们做我的合作伙伴呢？"

很多人和这位朋友一样，认为寻找合伙人，只要大家能聊得来、思想上有碰撞，就能在一起合伙创业。我认为用这样的思维去选择合伙人，其实是在为你自己挖坑。

能聊得来、思想上有碰撞，自然是好事，说明你们有共同话题，对创业有相同的想法。但这只能作为你选择合伙人时的一个考虑因素，能够成为你的合伙人，这些是远远不够的。你还需要将其他诸多因素考虑在内，才能保证你在创业的路上减少失败的概率。

我认为，创业选择合伙人，还需要从以下几个方面考量：

1. 选择德才兼备的人

挑选合伙人，也是对你自身识人、辨人、用人能力的一个考验。在选合伙人的时候，基本上可以从能力、忠诚度、经历、学历等方面来考虑。换句话来说，就是要选择德才兼备的人。然而，重点是对其"德"与"才"的考量。"德"，即合作伙伴的品质和操守，"才"，即合作伙伴的才能和能力。之后才是对其资历、学历等的考虑。否则，即便能力出众、才华横溢，但个人品质和职业操守有问题，你的企业会因此在顷刻间倾覆。

2. 选择价值观相同的人

合伙人创业，真正"合"的是人心。大家既然要合伙创业，就需要在价值观上保持一致。价值观即价值取向，是在追求经营成功的过程中所推崇的基本信念和奉行的标准。一个人的价值观决定了其工作动力、职业愿景。如果合伙人之间价值观不同，沟通起来就十分费劲，而且极易引发冲突，甚至直接让整个企业陷入"请神容易送神难"的局面。

3. 选择配合默契的人

合伙创业，本身就是将能够互相帮助的人聚合起来一起创业。但创业者还需要保证合伙人之间能够有较高的配合默契，你的一个表情，他就知道你在想什么；你的一个动作，他就知道你接下来要做什么。而这类人大多是你最亲近的人、最要好的同学、关系最近的同事，诸如此类知根知底的人。

4. 选择互补和包容的人

尺有所短，寸有所长。每个人都有自己的长处，也有自己的短处。合伙创业，就是要合伙人之间优势互补，为此才能在创业过程中发挥出合伙创业的真正价值。所以在选择合伙人时，还需要注意看到其长处的时候，对其短处能够容忍和包容，甚至忽视其短处。往往互补型的人在一起，做各自擅长的事，才能让企业长久维持下去。

好的创业伙伴就像是道旁的大树一样，累的时候可以依靠，闲的时候一起成长。合伙人创业，不但要志同道合，还要能够德才兼备，保证彼此之间价值观相同、配合默契、相互互补和包容。这样的一些人走在一起，才能合伙拼出共同的事业。

不懂用户：以为自我需求就是用户需求

商业领域，每天会有很多产品诞生，同时也会有很多产品陨落。对于那些陨落的产品，其失败的原因就在于没有从根本上把握住用户的需求，所以难以吸引用户，最终只能淘汰出局。

很多创业者在创业过程中也会犯同样的错。他们根本不知道用户的真正需求是什么，只是凭个人感觉，认为自我需求就是广大用户的需求。以我的经验，这种盲目的需求判断方式太片面。

虽然说你也是大众用户中的一员，但你并不能代表所有用户。你认为的自我需求，只是从自身情况考虑，对产品的某个功能有自己的期望，所以你的自我需求并不足以直接作为产品规划的直接依据。

当前是互联网时代，用户至上，以用户为中心设计产品和服务，才更能深入人心，满足用户需求。所以，在产品落地之前、设计之时，就应当融入用户需求，将这些需求变为产品和服务功能，很好地体现出来。

那么你如何才能真正懂用户，明确用户需求呢？我认为最好的方法就是采集用户需求。采集用户需求有两大渠道：

1. 直接采集用户需求

这种需求采集方式可以通过与用户沟通的方式获得，这些需求往往没有经过加工，是来自用户的一手需求。

（1）问卷调查

直接进行用户调查，可以沿街邀请可能成为你潜在客户的路人帮你完成问卷调查。这种方法获取的用户需求相对精准，但可能因为样本量太少而导致以偏概全。

（2）论坛发起讨论

如果已经有产品上市，可以在论坛上发起问题讨论，了解用户对产品的"吐槽"点，然后再对产品和服务加以改进和优化。

（3）用户评价

用户评价同样是一个可以获取用户需求的有效途径。

2. 间接采集用户需求

这种渠道就是通过转述的方式获得用户需求，这些需求很可能被转述者加工处理过。

总而言之，获取用户真实需求的最好的方法就是与用户接触，去真正深入地了解用户。否则，你以为你看到用户在做什么，用户说什么，就是其真正发自内心的需求？你就真正了解用户需求了吗？

你以为在健身房每天锻炼的人都是为了练就一身强壮的肌肉、完美的身材或者减肥吗？那你还是没有真正深层次了解用户。他们往往去跑步、去健身，可能就是为了发朋友圈，表现出自己积极向上、喜欢运动的一面。所以，了解用户真正的需求，除了关注用户聊了什么、看用户做了什么，还要深挖其人性和价值观。这才是用户最真实的需求。

因此，我认为，既要懂产品，又要懂人心，这样你的产品才能源自人心，服务于人心。

只会跟风：看什么火爆就去做什么

前段时间，我在网上看了一个有关创业的段子，极具讽刺意味：

上次骗我去迪拜当乞丐，第二次骗我去澳洲砌墙，第三次骗我去河里找乌木，这次又骗我去山上捡石头。你到底想让我去干吗？

这个段子看上去很滑稽，但这却是很多底层创业者的真实写照。他们很多都通过网络获取最新创业动态，也就是人们口中的"风口"。因此，很多创业者都信奉"在风口上，猪也能飞起来"。于是，这些人看到什么火爆，就去投资做什么。他们认为"随大流"，即便输也不会输得太惨，更何况如此火爆怎么能失败？但我却不这么认为。别人能做火爆的事情，在你身上未必。为什么呢？我认为有三个原因：

1. 火爆项目市场竞争大

创业是一件非常烧脑的事情，人们也都希望能够通过自己的努力寻找到更好的创业项目。对每个创业者来讲，寻找创业机会，就需要在生活中善于发现和用心挖掘。每一个聪明的创业者绝对不会盲目跟风。因为，如今的互联网时代，网络信息传输更加快速、高效，人们获取信息变得更加便捷，有什么火爆的创业项目，短时间内人尽皆知，这样在该创业项目领域就会聚集太多的竞争对手，甚至有时候都是刀刀见血。所以跟风创业，有的时候会将自己推到风口浪尖。

2. 火爆项目市场易饱和

虽然说火爆的项目有很多，市场蛋糕可以做得足够大，但消费者数量有限，这样能够抢到客流量的概率就越来越小。一家企业、一个店铺衡量其做得好坏，最直接的标准就是营业额。营业额=客单价×访客数×转化率。当没有客流时，你的店铺就会陷入死循环，更何谈营业额？这样，你认为火爆的事情，在你这里未必能成功。

3. 火爆项目需要跟风能力

跟风没错，但不能盲目跟风。在跟风之前，你得先判断自己是否有能力去跟风。如果你的资金、人脉、经验、资源等足够充足，完全能够支撑你赶上这阵风，那么你的跟风才有意义，你才有成功的可能。

任何一个创业者，在选择跟风之前，都要做好思想准备，要知道盲目跟风后果是非常严重的，你随时可能面临破产或倒闭的危险。那么如何去创业才能提高成功概率呢？我的建议是：

1. 选择低消耗行业

所谓的"低消耗"，应当包含资金低消耗、人力低消耗、回款周期低消耗。简单来讲，就是不要选择烧钱的行业、人力需求大的行业、回款周期长的行业。如果不具备以上条件，即便是再火爆的项目，也不要触碰。

2. 选择自身擅长的行业

俗话说："兴趣是最好的老师。"如果你能选择自己擅长的领域，或者选择自己有优势的领域，这样你在创业过程中才会更有把握，进而规避一些致命的弱点。

所以，不要盲目跟风。你看好的风口，为你吹来的不一定是商机，很有可能是灾难。

盲目扩张：快速扩张死得快

创业，不仅仅是一个实现创富从0到1的事情，创业之路太长，每走一步都要看清晰，走稳当。否则稍不留神，就会让自己原本风光无限的创业之路就此直接终结。

盲目扩张，就是创业路上的大忌。很多创业者认为，生意越大，企业就在市场中跑得越快，无人能及。这句话本身没错，但却被他们曲解了。在他们看来"生意越大"，就意味着"规模越大"，他们认为凡是规模大的企业，生意都很不错。往大的方向说，像阿里巴巴、华为等，其规模巨大，涉及的领域和产品种类也很多；往小的方向说，像很多连锁超市、餐饮店，以及各种加盟店，这些企业的规模也做得很大，发展得也不错。秉承着这种观念，他们不断扩张自己的公司规模，但最终的结局却是因为资金链断链，导致创业失败。

国内知名互联网企业乐视，原本自成立以来发展得顺风顺水，但在乐视做出了一定成绩之后，就开始借助资本的力量不断扩张。乐视的发展横跨电视、手机、汽车、金融、影视等七个板块。但很快，乐视发展的问题就来了。虽然乐视跨界七个领域，却难以培育出绝对的核心竞争力：电视业务不温不火、手机板块乏善可陈、汽车业务一片荒蛮、生态圈也难见繁荣。总之，乐视在扩张之后，强竞争力只见"高原"，没有"高峰"。与此同时，在忙于跨界的同时，乐视也错过了短视频、直播的大好机遇。

乐视的盲目扩张，应当给予我们警示：企业发展应该以精、专为第一要义，而不是急于追求规模，否则"贪多嚼不烂"，步子跨得太大，并不是好事。乐视作为昔日业界大佬，也因为盲目扩张而将自己置于惊涛骇浪中风雨飘摇。更何况一个初创企业？若你一味快速扩张，很可能被资本"绑架"，给你的企业带来灾难性打击。

我身边也有一个例子。我有一个朋友办了一家养老院，而且各项基础设施齐全，设立了100张床位。在第一个月入住率就达到了85%。后来，朋友认为当前老年人市场潜力巨大，趁着这个大好机遇扩大自己的经营规模。于是他拿出家中的所有积蓄，又向银行贷款500万，盘下了一所关停小学，在这里建成了2000个床位的养老服务中心。经过半年多改建和装饰，一座花园式居家养老服务中心落成了。

朋友经营了半年，服务质量提高了，加大了运营成本，提高了院内品味，但入住率却大不如从前。资金不流通，使得朋友很无奈。为了还上高额贷款，朋友不得不将养老院的一半场所拿出来归还债务，以求养老中心能起死回生。显然，朋友的失败，在于其失策。过于追求规模扩大，却最终尾大不掉，让自己陷入举步维艰的境地。

有关调查数据显示：创业公司的"死亡"，70%都是因为盲目扩张。我们总是看到许多创业者，刚开始创业，就急着想要赚钱，甚至在没有完全搞明白市场规则和商业模式的情况下就大肆扩张。盲目扩张并不能让你的企业跑得更快，反而加速企业"死亡"。只有跑得稳，才能跑得赢，才能快速跑到成功的终点。

有人说，人生就像一场马拉松，跑得太快，就会后劲不足；跑得太慢，就会落后于人。创业又何尝不是这个道理？纵观商界，任何一家初创公司，能够取得成功，并成为行业的中流砥柱，都是经历了一个漫长的周期后才实现的。没有哪个初创企业进行快速扩张后，就能在三五年内成为业界大咖。事实上，快速扩张，使得企业的战线过长，反而是加速企业走向衰落的开始。

所以，在这里我重点强调一点：创业初期，最重要的是做好，而不是做大。短时间内难以"吃成一个胖子"，更难以让企业占据行业龙头地位，急功近利只能让自己跟头跌得更重，难以让自己在创业路上走得更远。

盲目烧钱：盲目融资，"烧钱"无度

当你有一个好的项目和想法，而且有一大帮志同道合的朋友支持你时，你雄心壮志地决定创业。

创业一开始，你需要面临的问题，就是你必须在赚钱之前先"烧钱"，而且很多开销是你可能没想象过的：办公设备采购费，包括办公桌椅、电脑、日常办公用品；基础的办公场地费，很多人的办公场地都是租来的，租金动辄一年十几二十万，还需要物业费、水电费、网费等；产品需要开发，开发后还需要推广，这些都需要花费很大的费用；还有员工薪酬……即便三个月后公司能盈利，在公司开始盈利之前，你就需要消耗很大一部分资金，更何况大多数公司盈利需要熬上一年甚至更久。

面对这样资金只出不进的局面，很多企业还没熬到盈利，就已经被拖垮，甚至直接倒下了。所以，为了解决这样的问题，很多企业开始寻求资金方面的帮助，融资便成为一条重要的出路。

对于初创公司而言，拿到融资该怎么花钱？如何将钱花在刀刃上？这是企业团队需要讨论最多的事情。虽然在办公设备、场地租赁等方面可以能省则省，但是产品开发和推广方面则需要不断注入资金，才能由此换来庞大的客流量。但注入资金以换取客流量，是要有预算的，而不是盲目进行。有很多创业者因为盲目融资，"烧钱"无度，从此走上了不归路。

比如，前几年号称国内最大的移动互联网洗车公司"E洗车"。当时满大街都能看到"E洗车"的广告，都能看到上门洗车的三轮车，如今走O2O模式的"E洗车"早已宣布倒闭。

洗一台车的成本至少30元，上门洗车的定价会比到店洗车更贵。像"E洗车"这样的O2O公司，长时间做活动，1元就能为用户提供洗车服务，甚至零元洗车也屡见不鲜。这样的项目主要靠融资、"烧钱"来支撑。"E洗车"当时仅两个月的时间，就将融资来的2000万美元全部"烧光"。然而，"烧钱"买来的用户并不具有黏性，多数用户是因为便宜而使用"E洗车"，却并不是真正的用户。一旦补贴停止，大部分客户就会流失掉。这也是"E洗车"最终走向倒闭的原因。

初创企业在没流量、没市场的情况下，用"烧钱"换增长，用流量换市场。不可否认，这种发展路径能够为初创企业迎来短暂的高光时刻。但我并不赞同创业者盲目融资，"烧钱"无限制。从长远来看，"烧钱"创业并不是一件好事。

"烧钱"就是将钱以补贴的形式分给用户。而用户习惯了这种补贴之后，如果不再继续补贴，情况可想而知。要想通过这种方式来培养用户的习惯，成功的可能性很小。而且即便前面与用户之间建立起来的关系，也都是金钱利益关系，不是直接交互的关系。显然，无度"烧钱"并不利于企业的长远发展，由此而盲目融资，四处砸钱，最终面临的只能是进入创业"死亡"排行榜的结局。

虽然说，流量一直以来都是企业之间抢夺的重要资源，有了流量就意味着有了关注度，就意味着有了市场，有了竞争优势。但从以往创业者的案例来看，企业借助"烧钱"换来的流量终归是昙花一现，最终还是需要将重点放在如何保证用户存留的问题上来。毕竟，融来的资金是有限的，企业也不具备永久性"烧钱"的条件，也就难以通过低价或补贴的方式获得永久的用户黏性。最重要的还是要从改变自身入手，修炼好内功，冷静、理智地做好引流规划，把每一分钱都花在刀刃上，这样才能换来长久的发展。

记住一句话：不要认为通过补贴和红包就能留住用户。一旦遇到更大的红包，用户说走就走。

盲目多元化：把鸡蛋放在几个篮子里

在商界，有一个经常引起人们争论的话题，那就是究竟要把鸡蛋放在一个篮子里？还是几个篮子里？甚至有很多创业者的观念是：走多元化道路，是迅速做大做强的捷径，即便在一个项目上失败了，还能从其他项目的盈利弥补失败的损失。

我虽然不能说多元化策略一无是处，但对于创业者而言，我认为多元化并不是一件好事。因为，你是一个创业者，而不是一个投资家。对于投资家来讲，将鸡蛋放在不同的篮子里，自然能永葆自己投资失败的概率几乎为零。而对于创业者来讲，你的任务是要经营好你的企业，做好你的项目。如果你事事都想做，反而容易让你精力分散，资源分散，忙得焦头烂额，却难以收获成效。所以，在我看来，创业盲目多元化就是一个坑。无论你选定哪个行业去创业，但任何一个领域投入的力度不够，都会与理想渐行渐远。

这里我举一个生活中的例子。有一次我去菜市场买菜，看到卖鸡蛋的摊主将自己的鸡蛋全部放在一个篮子里，很奇怪。我就问摊主："你不担心把鸡蛋放在一个篮子里，很容易全部都毁掉吗？"摊主笑了笑回答："鸡蛋放在篮子里被毁掉的可能性很小，况且多分几个篮子，鸡蛋被毁掉的概率反而高了。还不如放到一个篮子里，只需要看顾好一个篮子就好了，否则我得注意力分开，顾此失彼，鸡蛋被毁的概率反而会大很多。"

我仔细想了想，摊主说得很有道理。做投资家和做创业者是不同的，所以决定了鸡蛋究竟放一个还是多个篮子里。虽然这个例子来源于我对生活的体验，但非常符合创业者资金投注方向的选择。

对于绝大多数创业者而言，你的事业处于起步阶段，这就意味着你资金缺乏、人手不足、经验不太丰富，而且企业发展还没有步入正轨，很多事情还需要自己花精力、花时间去做。这也就是说，即使你能够将所有的资源、资金都集中在单一的项目上，你也可能依旧在很多方面有欠缺。如果你将资源、资金分摊到2~3个项目上，又会是什么结果呢？显然，每个项目上所分到的资源、资金会更少。这将直接导致你的每个项目，无论在规模上，还是在特殊上都逊于你的竞争对手。一个没有竞争优势的企业，显然在市场中存活是十分艰难的。这也无疑为你在创业路上增加了难度。

我认识一位从事多年房地产行业的开发商，他在该领域已经积攒了很多人脉和资源，所以他的房地产生意做得十分火爆。但他并不满足与现状，于是在当地找了一个较好的地段开了一家娱乐城。为了进一步扩大影响、增加收益，其娱乐城中的项目涵盖了洗浴、按摩、舞台表演、网吧、餐饮、电玩等。为了娱乐城，他注入很多心血。但是开业半年多，每个部门都不太红火，都没有达到他预期的效果。虽然也有很多他在房地产领域认识的客户来捧场，但终究数量有限。最终，整个娱乐城入不敷出，无法继续经营下去了，他重新回归老本行，一心经营自己的房地产生意。

我之前也和这位朋友讨论过失败的缘由。在我看来，娱乐城的项目是很不错的，但错就错在他涉足的项目太多，而且每个项目都缺乏必要的运作经验。如果能精而专的话，他应该不会陷入失败的局面。

总之，在当前各领域竞争都是白热化的阶段，创业者只有集中精力，拿出自己的全部资源、资金集中在同一个项目上，才能形成核心竞争力，才能在市场立足。

PART 2

轻资产低风险创业

第二篇

创业篇：

构建创业框架，成功创业有方法

第六章

轻资产创业：
小本生意成就前景人生

在以往，很多人眼里，创业只是有钱人的事情，穷人只适合打工，想创业简直是痴人说梦。如今，穷人同样可以白手起家，创造商业奇迹。轻资产创业是近几年来十分受人推崇和青睐的创业方式，借助这种创业方式，人人都可以成就自己的美好人生。

自媒体型创业：每个人的影响力都超乎想象

每个人都想通过创业改变自己的人生，但对于草根来讲，传统创业成本居高不下，租赁店面、购买设备、日常办公用品、员工薪资等，样样开销巨大。再加上传统创业具有高风险，这一切都使得那些草根创业者望而却步。

但如今是自媒体时代，也是草根创业的最佳时代。只需要一台电脑或一部手机，外加WiFi，就可以开启你的创业之旅。自媒体创业其实很简单，并且已经有很多大咖通过自媒体创业得到了相当可观的财富。选择自媒体创业，只要你会写作，利用自媒体创业是最好的选择。当然，自媒体创业并不限于文字内容，还衍生出更多的形式，如短视频、直播等一切可以承载作者思想以及内容的东西，全都可以作为自媒体创业的平台。

既然是做与媒体相关的创业，我认为你至少应当具备以下几方面的能力。

■要有灵敏的新闻"嗅觉"能力

你需要有灵敏的新闻"嗅觉"，能快速发现新闻源，并能够对新鲜事物、热点事件很好地把控。

■要有很好的创作能力

做自媒体创业，不但需要你有很好的写作功底，还要有很好的内容创作能力，还要学会拍照、摄像和剪辑。

■要有掌握发布时间和渠道的能力

目前，自媒体渠道有很多，如微信朋友圈、公众号、QQ空间、微博、短视频平台、直播平台等，而且都自带流量。你要找到更加适合自己内容的渠道去发布，同时还要注意发布时间的掌控。

不同的自媒体平台其机制不同，比如推荐量如何计算？流量分发机制是什么？各大平台的侧重点是什么？对内容有什么要求？这些都是需要你花时间摸索，并作出系统总结而得出来的答案。我建议，作为刚进入自媒体创业阶段的创业者，应当主攻一个平台，集中精力做好原创内容。在积累了广大"粉丝"和运营经验之后，再去多平台发展，你才能获取更多的收益。

通常，在6~8点、11~13点、17~19点，这几个时间段是用户的空余时间，用户在这些时间段的活跃度比较高，在这些时段发布你的内容，效果会比较理想。21~1点这个时间段，对于那些"夜猫子"用户来讲，是他们最活跃的时候，而且在这个时间段发表内容的人也比较少，所以竞争力也比较少，是很好的发布时间。

具备了以上三方面的能力之后，如果你能够坚持把运营做好，同时还能在内容中加入一些小创意，运用一些推广手段，那么你的创收之路会比别人走得更远。

以下是我总结的自媒体创业最常用的四种方法：

1. 广告模式

广告是很多人选择的创业赚钱方式。身处自媒体时代，微博、微信都是我们日常社交的工具，所以无论是微博还是微信公众号，你都可以在操作的时候轻车熟路。自媒体广告创业的途径有两种：

（1）创作商家广告文案

借助你创作的内容为商家推广产品，你同样可以从中获利，而且这种广告可以由自己掌控软文的写法。

通常，你撰写文案获得的报酬，完全取决于你个人写作水平的高低。但是如果你可以把文案撰写和文案投放一起打包输出给自己的"粉丝"，这个报价就会变得非常可观。这种打包组合方式，一般都是几千元起步，甚至高达几万、几十万的都有，这取决于你的"粉丝"数量和"粉丝"质量。

所以，借助广告的方式赚钱，重点考验的就是你的写作功底、你的文案广告创意能力，以及你的"粉丝"数量和质量。当然，如果定制广告能够玩得好，你甚至可以成为网红段子手，这样你的内容转化能力则更高。

（2）文章底部推商家广告

文章底部推商家广告就是在你的文章结束之后，在末尾处贴一个小广告。可以是一句广告词，也可以是图文广告，也可以是二维码。在接收这种小广告的时候，我建议你最好能够亲力亲为，对这些广告进行润色，这样有助于用户接受，并且这种做法可以在一定程度上提升"粉丝"的转化效果。

2. 会员制模式

如果你的文章写得足够好，也吸引了足够多的人成为你的"粉丝"，此时你就可以通过会员制来设置阅读门槛。但前提是你能持续地为"粉丝"提供一些真正有价值的文章，这样"粉丝"即便付费也愿意成为你的会员。我认为，会员制可以为你带来两方面的好处：

一方面，你可以通过固定的推送频率，推送自己的文章，这样能很好地培养"粉丝"会员的阅读习惯。

另一方面，在实施会员制之后，可以为你带来有效的收入。

构建会员制之前，你就需要事先成立一个组织。目前，比较典型的是一些学习社群，如知识星球。或者你也可以自己组建微信群、QQ群进行收费管理。

具体操作方法，以微信公众平台为例。你可以利用微信公众平台，将付费的用户单独划分到一个分组当中，然后用微信公众平台推送时，只把文章推送给你的会员用户。

自媒体创业者中玩转会员制模式起家的人，最典型的是罗振宇。罗振宇创业初期，就以其丰富的知识内容和独特的个人语言风格，创作了网络视频脱口秀、同名微信公众账号，后来又因此打造了自己的品牌。罗振宇的《罗辑思维》仅仅用了半年时间，就沉淀了一大批"粉丝"，微信公众号上拥有75万"粉丝"，微博上拥有30万"粉丝"。后来，他便开始用会员制模式进行运营，借助《罗辑思维》为自己盈利。

罗振宇推出的付费会员制：5000个普通会员，200元/人；500个铁杆会员，1200元/人。然而，让人意想不到的是，在第一次招募会员的时候，5500个会员名额在半天时间里就全部售罄，罗振宇入账160万元；在第二次招募的时候，一天的时间，罗振宇就入账800万元。这是一个很成功的自媒体品牌，利用"粉丝"会员制，成功获得经济收入。罗振宇的会员销量让人吃惊不已，这也是草根借助自媒体创业的成功案例。

3. 打赏

如果你的文章能够引起共鸣、深入人心，那么网友会为你的才华和内容作出奖励行为，而这种奖励就是打赏。当前，微信、微博、短视频平台、直播平台都有打赏功能。当然，或许你会认为靠打赏赚钱，就像是靠天吃饭一样，收成好不好全凭天气说了算，风调雨顺才能五谷丰登。同样，打赏也完全看"粉丝"的心情，如果"粉丝"心情好，就会打赏一下，有时候即便评论区说你的文章很有感染力、很有创意，但获得的打赏却寥寥无几。

的确，打赏模式，对于我们这些草根来讲，的确收入很少。有时甚至你花好几天时间、费了很多精力写出来的文章、创作出来的短视频内容或段子，却连一个打赏也没有，这也是常有的事。但我要强调的是，你只有写有价值的东西、让用户真正受益的东西，而且要能够长期坚持，才能让"粉丝"觉得给你打赏很值。所以，付出终究是会有回报的。

自媒体创业，门槛不高，投资成本低，人人都可以去做。这样就吸引了很多人都去从事相关事情，从而加剧了创业者的竞争压力。但有一点最重要，创业者要想超越竞争对手，要想脱颖而出，必须保证优质内容的输出，这是你能够大量获取流量、实现转化的关键。

创意型创业：一个好点子价值千万

如果你没有资金、没有资源，那么不要紧，只要你有聪慧的大脑，能输出有价值、有创新性的点子、想法、创意，你同样可以创业。要知道，一个好点子很可能价值千万。

用有价值、有创新性的点子、想法、创意去创业，这就是创意型创业。创意型创业，最适合"一穷二白"的草根创业者。只要有保证你的点子足够标新立异，有可操作性，而非天方夜谭，那么你才能吸引风险投资商的眼球，才能通过你的点子换来各种资金和资源，才能让你的企业更有发展前途。

有一个叫薛鹏的小伙子，他当年从英国留学回来，就直接奔赴物流行业埋头苦干了十年。在这期间，他发现，同城快递还是个处女地，有很大的潜在市场。于是，他提出一小时内将同城快递送到目的地的想法。这既是他的愿景，又是他的创意。结果，他在同城快递方面取得了巨大的成功。如今他创造的闪送，已经入驻了300多座城市，有60万快递大军，实现了四次融资，估值已经超过了10亿美元。

每一个成功的创意型创业者，都像薛鹏一样，不仅仅改变了自己的人生，还或多或少推动了人类社会的进步。那些创业型创业者，他们的成功点子从哪里来呢？我经过研究发现通常有三大来源：

1. 对现状不满

很多人的点子，往往是因为对现状的不满，进而在想办法改变现状的过程中产生的。

例如：福特汽车的创始人亨利·福特，因为对当时的生产效率十分不满，所以他创立了大规模的流水生产线，并取得了成功。如今，我们依旧在使用亨利·福特的这种流水线生产模式。

2. 对未来趋势的判断

我们往往可以通过研究现在各种事物的发展变化，判断其未来可能出现的发展前景，如技术、人口、交通、通信等的变化。这些变化趋势往往是产生创意点子的重要条件。

3. 新技术的重大变革

一项新技术的出现，如人工智能技术、虚拟现实技术、增强现实技术等，这些技术往往会给人类的生活、工作带来巨大的影响，甚至颠覆现有的生活和工作模式，由此带来无数商机。所以，新技术的重大变革，也是一个重要的点子发源地。

4. 对梦想异想天开

每个人在很小的时候都有梦想，而且这些梦想往往异想天开，让别人觉得根本不可思议，不可能变为现实。而这些不可能，往往就是很好的点子。

莱特兄弟，梦想着自己能像鸟儿一样在蓝天中自由飞翔，于是有了飞机的发明。

虽然是异想天开的事情，但只要符合物理学、生物学、心理学、社会学等，只要敢想，都有成为现实的可能。

5. 站在巨人的肩膀上

做"第一个吃螃蟹"的人可能存在一定的风险，但如果你能将"第一个吃螃蟹"的人作为范本，就可以站在巨人的肩膀上，将一个行业的原创概念复制到另一行业。这样，你即便不是点子王，但因为你很善于举一反三，你同样可以省去瞎摸索的时间和精力，专心去创造属于你的事业。但我还是要提醒你，不同的行业经营模式有所不同，能否做好移花接木的工作，是对你智慧的考验。

6. 国外概念本土化

将国外新奇的、好玩的概念直接搬回来，这是最便捷的创业方法。而且国外发展得好的概念，有成熟的模式，只要注意注入差异性文化，就能将国外创业概念进行本土化改造。记住，直接搬过来的概念，一方面直接使用会有抄袭嫌疑；另一方面，很可能因为文化的差异性而水土不服。所以，国外概念做本土化改造，十分重要。

广州东利行企业发展有限公司当年与腾讯合作，签署了为期7年的QQ形象有偿使用协议。很多人都怀疑这个戴着红领巾的小企鹅能给"东利行"带来多大利润，但"东利行"却从美国迪士尼公司的成功中看出了商机：美国有米老鼠、唐老鸭、白雪公主等卡通形象，且这些形象已经为迪士尼赢得了源源不断的财富。"东利行"认为自己完全可以借鉴迪士尼的创业思路和盈利方式。因为，当时国内的QQ已经聚集了8600多万用户，且以年轻人为主，他们购买产品的能力极强。于是，"东利行"提出了"Q人类Q生活"的卡通时尚生活概念，开发漫画、精品玩具、手表、箱包、服饰等10多个品种，且都带有QQ标志。如今，"东利行"已经在全国开设了100多家连锁店，其业绩有目共睹。

你要选择走创意型创业路线，我建议你最好从以上几个方面挖掘你的点子，这样你取得创业成功的可能性会更大。

服务型创业：好服务换来好的经济效益

在这个人人注重消费体验的时代，服务的重要性越来越凸显。而服务是最廉价的商品，这对于草根创业者来讲，是十分难得的商机。

服务型创业，就是以为消费者提供服务为主的创业类型。我认为，对于服务型企业来讲，必须具备以下几个基本特征：

■人力资本在企业资本中占比高，人力资本已经成为服务型企业的"第一资源"。

■一切以顾客的需求为中心，企业所开展的一切活动，都必须围绕你的客户进行。

■服务型企业对客户的服务不是短期或有时间限定的，而是一个长时间的服务过程。

■服务型企业是以优质的服务为核心竞争力的。

■服务型企业的利润，主要是为客户提供服务而产生的收益。

满足了以上几点，才能称得上真正的服务型企业。服务型企业可以涉及的服务，通常是O2O服务，可以为社区居民提供线上下单，线下送货上门服务。这样，对于用户来讲，可以足不出户就能享受到高效、便捷的高质量生活服务体验。而对于创业者而言，你无须烧钱，只要一人、一手机、一网络就可以玩转"家门口"经济。

有人衣服脏了，自己不知道如何清洗或没时间洗，你可以通过APP为用户提供一键预约服务，上门取走衣物帮用户清洗，清洗完之后再如约送还给用户；有人上班一天累了，回家不想做饭，你可以通过APP为用户亲自上门做饭，用户想吃什么你就给做什么……这些都是很好的"家门口"经济。只要你善于发现和挖掘，类似这样的商机还有很多。

韩迪创办的"妈妈的菜"就是一个典型的例子。在决定创业初期，韩迪并没有十分明确的思路。有一次，他和朋友去吃大排档，朋友感慨道："吃大排档时，小伙伴说，大排档吃腻了。北漂这么久，我都没吃过我妈做的饭菜，哪怕有个社区大妈能为我做一顿饭也好。"韩迪听了朋友的话，从中找到了灵感，更从中看到了巨大的商机，于是创办了"妈妈的菜"，采用O2O模式做起了互联网餐饮。

"妈妈的菜"APP用户可以查看周边区域妈妈提供的私房菜，并支持客户端、微信、电话等多种形式下单。韩迪创办"妈妈的菜"，其初衷并不是停留在情怀、噱头、秘方、猎奇等之上，而是回归"吃"的本质，围绕用户需求提供服务，用户想吃什么就为用户做什么，让那些北漂族也能感受到餐桌上独有的家的味道、妈妈的味道。

做服务型企业，要想在激烈的市场竞争中取胜，就必须高度关注顾客的消费体验，打造优秀的服务品牌。要打造优秀的服务品牌做服务型企业，你必须做好以下几点：

1. 做好服务定位

好的服务品牌，源自好的服务定位。任何一项服务，其标准、流程、考核指标都需要根据服务定位来定。

做服务定位，需要遵循两个原则：一是面向大众化，二是走细分路线。

大众化服务，所面向的是体量巨大的消费群体，其具有十分广阔的市场前景。

细分市场中，消费者追求的是服务的个性化、差异化，这也是你的企业能够在市场中获得竞争力的重要手段。

2. 做好服务品质

任何一个品牌背后，最重要的是质量。作为服务型企业，更应当在服务品质上有自己的规范，并将规范落到实处。因此，制定服务标准、做服务培训、对服务进行优化，你才能确保服务品质。

3. 注重服务创新

做服务，就要有创新。否则走人人都走的老路，是难以获得良好的发展前景。当前，顾客对于服务需求日渐多样化，对服务体验更加注重。如果你还是一味地走老路，而越来越"挑剔"的客户未必会为你的服务买账。

总而言之，打造一个服务型企业，并不是一朝一夕的事情，需要企业立足自身，站在顾客的角度为其提供更好服务，你才能真正换来好的经济效益。

知识产权型创业：让无形资产变为有形财富

目前，国家对于知识产权的保护态度非常明确，与此同时，个人IP的重要性也越来越凸显。所以，只要你有学识，并能打好知识产权牌，那么你就可以出售自己的学识，进行轻资产创业，并打造一个优秀的知识产权型企业，让你所掌握的无形资产变为有形财富。

知识产权型创业，重点就是将你所掌握的知识、学问转化为有内容作品进行售卖。常见的形式有：

1. 软文

软文营销带动了一大批软文写手的诞生。因此，软文创业成为一种全新的轻资产创业方式。软文，是相对于硬性广告而言的，是企业的市场策划人员或广告公司的文案人员负责撰写的文字广告。与硬性广告相比，软文重点在于"软"字，好似绵里藏针，能够将品牌理念烙在用户心中。软文的变现，主要是通过一段故事、一个道理或者一个观点引导用户关注某个品牌或产品，从而由相关品牌或者企业为软文内容付费。对于软文创业者来讲，一篇软文只能出售一次，要想赚取更多的钱，还需要重新再写。但一篇优质的软文给创业者或者说创作者带来的利润是非常可观的，是一种非常好的轻资产创业模式。

那么如何写出让企业钟爱的精彩绝伦的软文呢？我认为你应当把握以下几个方面：

（1）标题要吸引人

一个人漂不漂亮，看他的脸，而看一个人的脸，最重要的是看他的眼睛。一篇软文好不好看，首先就看它的标题。标题没有吸引力，无法抓住读者的眼球。写标题，通常有以下几种套路：

①符号标题

符号标题，往往表述更加形象，更有说服力。

例如：《中5000万大奖带来的烦恼》（数字标题）

《文凭=水平？》（运算符号标题）

②借力借势标题

借力借势标题，就是借名人、借专家、借社会、借热点、借节日等的力。

例如：《100种寻趣方式，不辜负2019的最后一个周末》（借"2019最后一个周末"之势）

③利用悬念

制造悬念的标题，更容易吊起人们的好奇心，吸引人们进一步阅读软文内容。

例如：《中国人90%"不会"喝茶》（利用反常造成悬念）

《码头上演"蛇吞象"风波》（利用惊骇造成悬念）

④利用文化特点

这里的文化包含十分广泛，可以是诗歌、成语典故、谚语、歇后语、方言、影视、戏曲、歌曲等。

例如：《房价下跌百姓只问不买，中介只求"非诚勿扰"》（借

成语）

⑤利用修辞手法

用比喻、衬托、夸张等修辞手法，可以让标题更加有创意。

例如：《今年的"秋老虎"好温柔》（比喻）

⑥选择、变化、对比

这三种类型的标题，展示的是一种趋势。

例如：《饺子还能蘸雪吃？这个冬至不一样！》（变化）

《端午节吃粽子，哪种馅是你的最爱？红枣莲子？咸鸭蛋？》（选择）

（2）内容要与营销有关

软文重在内容打造。写软文的过程中，要注意以下几点：

①文章内容一定要有料

写软文重点在于内容的变现。索然无味的内容难以激起人们的阅读兴趣，如果内容有料、有趣、有干货，才能吸引受众，引爆传播。

②植入广告要掌握时机

软文中植入广告要做到润物细无声，只有在适当的时机植入广告内容，才能让受众不会反感和排斥，能够更加自然而然地接受你的广告。

③内容与营销产品相关联

软文营销就是要通过软文起到产品、品牌宣传的目的。因此，写软文的时候，内容一定要与推销的产品或品牌相关联，这样可以将产品、品牌与用户直接联系在一起，起到宣传的目的。

（3）做好版权保护

任何原创性的东西，都需要对版权进行保护，否则一些转载者会对你的文章进行修改，或直接剽窃，篡改文章的版权声明。对于这样的情况，与其指责，不如提前做好版权保护工作。这样，能够保证你的版权不受侵犯。

2. IP

"IP"是近几年来十分火爆的词语，内容创业也由此变得十分火爆。内容的本质是用内容赚钱，实现内容变现。一篇优质内容，即优质IP，能够源源不断地为创作者带来财富。所以，许多草根创业者用个人IP进行创业，实现逆袭。

前几年，由唐七执笔的作品《三生三世十里桃花》被导演林玉芬看好后，经协商，将小说《三生三世十里桃花》改编成电视剧。该电视剧一经播出后，反响十分热烈，受到广大观众的喜爱。之后又被阿里影业等翻拍成电影，上座率很高。后来，由于观众十分看好剧中"白凤九"和"东华帝君"这对CP，并希望他们有更加精彩的剧情可以展开，于是，唐七的另一部作品《三生三世枕上书》也被拍成电视剧，在腾讯视频播出。除此以外，唐七的《三生三世》系列，还有《三生三世菩提劫》《三生三世步生莲》。而唐七的"三生三世"系列就是其IP。唐七的作品能被众多导演看好并拍成电视、影视剧，再加上较高的收视率，足见其打造的IP是十分成功的。

显然，就像唐七一样，IP创业，就是低成本创造一个优质IP，并用个人才华和匠心去打造优质的内容，进而获取持续的用户和流量，这样你的优质IP就能实现变现。

那么如何打造个人IP呢？

(1)步骤

虽然说优质的内容本身就是IP，将其发布到各个平台"钓鱼"就可以了，这是理论，但开展实施还是有一定步骤的。

第一步，进行IP差异化定位。

进行IP定位，不仅是要你感兴趣的，还需要是你所擅长的。因为，IP的打造是一条漫长的路，没有兴趣是无法坚持下去的。如果不擅长，你的创业就无法坚持。

第二步，买几本IP的相关书籍

买IP相关书籍的目的，就是让你能够对"IP"有充分的研究，确保自己在初建IP时不至于一出招就见光死。毕竟当前网络内容太过零散、无章，你要充分了解IP的内核。

第三步，注册自媒体账号和个人微信订阅号

你还需要注册5~8个自媒体账号和个人微信订阅号，然后将自媒体账号关联到一个叫作"简媒"的软件上，这样就能够一键在多个平台上发布了。

第四步，寻找专注社群和IP孵化的专业平台

接下来，你还需要寻找专注社群和IP孵化的专业平台，然后参与学习，与高手互动，系统化地提升自我，这样才能保证你的内容具有创新性，且能够满足读者需求。

第五步，开始创作内容

当你在IP方面逐渐有所沉淀，此时你就可以大胆进行创作，保证每天能够输出一些干货和有价值的内容给"粉丝"。让"粉丝"杯子里的水温还没有降温的时候，就被加温。

第六步，在各个平台上分发你的内容

在各个平台上分发内容，随着时间的推移，你的内容就会被更多的人关注，进而积累更多的"粉丝"。

（2）技巧

那么作为草根创业者，如何才能将自己的流量池不仅做大，还能做得坚不可摧呢？我在这里分享几个运营技巧：

①实现IP高产

当个人IP实现高产后再成立公司，组建团队，延展自己的爆品，这样你的IP根基才会更加稳固。如果你的IP还仅仅处于"婴儿期"，你就带着一腔热血去创业，这样你的IP注定弱不禁风。

韩寒就是在个人有了多年沉淀后，才启动的个人IP创业，这一点经验我认为我必须拿出来分享给每位IP创业者。

②持续输出

我个人认为，IP创业在初期没有太高深的要求，唯一的要求就是你要做到持之以恒，能够持续输出内容。熟能生巧，当你写了很多篇文章之后，你就能够写得越来越顺畅，且掌握了快速写作技巧。我相信，几个月后，你写作的内容就可以看到花开满树。

3. 培训

培训也是一个低成本创造高效能的事业，因此是实现轻资产创业的一个有效途径。你如果在某个领域掌握了专业的知识、懂得如何将你的知识更好地传输给其他人，那么你就可以选择做培训的方式进行创业。培训创业有很多种，可以是青少年教育教学培训、成人职业教育培训、市场销售培训、创业人才培训、人力资源培训等。

幻方秋叶PPT，就是一家以向会员售卖其制作的PPT模板，以及给用户提供一些PPT制作的线上培训机构。

"好报"公众号，除了直接售卖商品之外，也能提供21天绘画培训班、21天写作培训班等。这些课程通过几十元到一两百元的价格，帮助用户形成学习习惯，帮助用户快速学习兴趣特长。"好报"公众号就是一种典型的轻资产创业模式。

我本身就是从事教育培训事业的，多年来也在这一领域积累了不少经验，有了不少心得，在这里我把个人做的相关总结分享给每一位选择从事培训事业的创业者。

第一步，选择培训方向

在选择培训方向时，自然是选择你感兴趣的、你最擅长的领域，这样你从事这件事情的时候才更加有激情，才能做得更好，达到更好的效果。

第二步，选择培训渠道

培训渠道的选择也十分重要。在起初阶段，你没有充足的资金，最好不要选择租赁会场的方式进行培训，会场租赁费用有时是十分昂贵的。最好选择线上平台进行，如短视频、直播平台。而直播平台为最佳，因为直播培训的时候，可以与学员线上互动，能够更好地了解学员的疑点和难点，并即刻提供解决方案，为其答疑解惑。

我做培训，除了线下，还经常会在线上做直播。在快手直播间，我经常通过连麦的方式，帮助那些在创业路上遇到瓶颈的创业者分析他们遇到的问题，并给出他们一些创业建议和意见，让他们在创业路上少走弯路。

第三步，培训需求分析

在做培训之前，你一定要做好准备工作，切忌盲目开展。你首先需要了解你的学员，明确学员有哪些需求，然后有着重点地对其进行培训。做到这一点，就需要你事先与学员进行沟通，因为这是在给他们做培训，你一定要事先知道他们的想法。这样你做培训的时候才能达到更好的培训效果。

第四步，制定培训计划

培训前，你还需要做好培训目标、培训内容、培训次数、培训形式等细致而全面的考虑。

第五步，按计划实施培训

在实施培训的过程中，一定要按照计划进行。注意提前将音响设备、投影设备等调试好，并注重培训时间的把控。同时，还需要注意现场反馈，及时处理意料之外的"事故"。

第六步，做好培训效果评估

培训效果好不好，要从学员的学习热情是否高涨、培训氛围是否热烈进行判断，这样的判断最为直观。当然，还应当关注，是否达到了预期的培训效果，也就是你培训的内容是否真的对学员在日后的工作、学习中产生实际的作用。因此，你需要对学员提供培训后的咨询服务，通过学员的反馈找到自己的不足并加以改进，使你的培训能力有所提升，得到更多学员的认可。

总之，如果你是一穷二白的初创者，如果想要找到更适合自身现状的创业方向，就必须超越传统创业的思维模式，进行商业模式的创新。你的学识、你的专业、你的经验同样可以作为你创业的资本，但与此同时你还需要注重知识产权的保护，因为知识产权是你进行知识产权型创业的命门。

第 七 章

低风险创业：
低风险启动，实现优雅创业

创业与打工相比，是一个高风险、高回报的事情。但高风险使得很多想创业的人望而却步。如何才能降低创业风险，实现优雅创业，这是每个创业者关注的话题，也是创业者的目标。掌握低风险创业模式和方法，你也可以成为优秀的企业家。

销售型创业：人脉资源迁移带来基础销量

我身边有很多做销售的朋友，以前和我聊天时，都表示困惑："做销售的前途究竟在哪里啊？销售是个脑力活，同时也是个体力活，干到四五十岁，跑不动了，怎么办？"其实，这是很多销售人员面临的共同问题。认为自己离开了现在的岗位不知道还能干什么，这种焦虑困扰着很多人。

其实有很多原来做销售，后来成为优秀创业者的案例。这些优秀的创业者，都是从公司的销售人员做起，然后进行创业的。我将这类创业模式称之为"销售型创业"。

企业的本质就是通过销售获得利润，没有销售、没有变现的企业就是"耍流氓"。企业的老板本身就是最大的销售员。销售员成长为企业老板，就是一棵小树逐渐长成大树的过程。老板的特质可以说80%是与销售员相通的。这就决定了销售员的出路：一是成为销售职业经理人；二是成为老板。

销售员能够成为老板，主要有以下几方面的优势：

1. 明确客户需求

销售型创业模式中，创业者往往因为在某个行业深耕多年，而且总是站在市场的最前端，与客户距离最近、接触最多，因此他们更加了解行业动态，更加明白客户的真正需求。

2. 广泛积攒人脉

在销售领域多年，必然广泛积攒人脉。倘若每年手里有一两千万的订单，那么这个销售人员也就离当老板不远了。如果选择一个同类产品开始创业，很快就能在行业内立足发展。

基于以上两点优势，只要进行人脉资源的迁移，就能为公司带来可观的基础销量。基于这些优势，他们的创业路便好走了很多，风险也小了很多。

滴滴创始人程维曾经就职于阿里巴巴，其销售工作做得特别出色，而且在阿里巴巴一干就是8年，成为当时阿里巴巴最年轻的区域经理。在阿里巴巴任职期间，销售互联网产品的工作内容使他获得了扎实的销售能力和经验，并积累了大量人脉。后来，程维从阿里巴巴出来，并创立了滴滴。

销售出身的老板特别多，除了程维之外，还有杨元庆、江南春等。如果你想创业，但资金短缺、资源有限，又害怕风险，那么你可以选择销售型创业模式。

如果你选择具有低风险特点的销售型创业模式，那么我建议你：

1. 从事熟悉的行业，售卖熟悉的产品，这样你能够驾轻就熟。

2. 从你之前广泛积攒的人脉和客户开始，让他们成为你的第一批客户。

3. 从小公司做起，逐步成长。不要刚起步就盲目做大。

如果你的创业计划没有考虑以上三点，就要三思。否则你创业的风险系数不但没有降低，反而提升了不少，会增大你创业的失败率。

"预售"型创业：以需求定货量

如果你有多年从事销售领域的经验，你可以做"销售型创业"。那么如果你没有销售才能、没有过硬的技术，就没有低风险创业项目了吗？当然不是。

走"预售"模式，你依然可以实现低风险创业。我将这种低风险创业模式称为"预售"型创业。什么是"预售"型创业呢？其实这一点并不难理解。销售领域有一个"预售"模式，即产品还没有生产出来之前，就事先将产品订购出去。既然是预售，那么你一定先拿到了货款或者预收了部分货款，用这些资金去生产厂商定制或进货，这样做出来的商品不怕不受欢迎。

这样，以需求定货量，你就不用为原材料采购而担心、产品过剩而担心，也不必因为产品在仓库积压，像热锅上的蚂蚁一样忙着找客源。这样不仅可以增加现金流，还能成功实现"空手套白狼"，赚取中间差价。

这种"预售"新创业，最简单的项目就是做电商，手中存货，所有的都是厂家代发，即便不成功，也不会有创业失败的风险，也不会给自己带来经济损失。

我的一个学员就是做电商的，他自己不生产商品，只做商品的"搬运工"。他从厂家拿货作为店铺销售的样板，通过直播间向淘宝用户介绍产品，并告知消费者自己直接从厂家拿货，百分之百正品货源。每天，在他直播间里，短短的六个小时直播时间里，下单的数量惊人。但在每件商品的页面中，都会明确告知客户：付款后45天内发货。这样做，其实就是将商品设置为了预售模式。

所以，做"预售"型创业，我在这里着重强调一点，就是一定要明确发货时间。

以淘宝为例。淘宝的发货规则是：订单支付后，要求在48小时内发货，发货之后24小时之内必须有物流信息，否则会被淘宝判为虚假发货或延迟发货。既然做预售，很难保证48小时内就能发货，所以一定要在商品页面明确发货时间，以免被消费者投诉，被淘宝误罚。

总之，"预售"型创业，是一种风险极低的创业模式。"预售"型创业是一种非对称交易，即损失和收益并不完全对应。你进行"预售"型创业，损失几乎为零，而你所得到的将会是你离成功创业更近了一步。

技术型创业：技术在手，风险无忧

如果你掌握了某项技术，是行业里的"技术大牛"，技术过硬，有一定的行业经验，那么你也可以实现低风险创业。我将这种创业类型叫作"技术型创业"。

掌握一项过硬的技术，本身在行业里就有了"金饭碗"，但如果以技术为基础进行创业，你基本上也可以做到零风险创业，即使不成功也能全身而退。可谓"技术在手，风险无忧"。

我认为，相比于一般受过商业训练的创始人，技术创始人拥有更多技术技能，而且对业务流程没有深入的了解。而技术创始人最需要的就是掌握业务流程，或者雇用受过业务、管理培训的雇员，或者直接寻找掌握业务流程、懂得管理的人作为自己的合伙人。

在我看来，雇用受过业务、管理培训的雇员，或者直接寻找掌握业务流程、懂得管理的人作为自己的合伙人，是技术创始人创业的最好选择。因为要想让企业快速启动，一个人的力量是难以实现的。再者，如果技术和业务、管理全部由自己亲自操刀，实在是耗费精力，往往容易使人顾此失彼。作为技术型创业者，你只要负责好你最精通和擅长的部分，再加上雇员或合伙人的配合与协作，就能实现互补效应，达到更加理想的创业效果。

技术型初创公司在建立之初，往往被戏称为"没有产品、没有市场、没有资金"的三无企业。所以，要想获得投资商的投资，首先就要充分发挥你所掌握的技术特长，以及拓宽你的创造性思维，打造出让人眼前一亮的技术产品，让投资商看到企业的价值。

对于技术型创业者，我在这里总结了几条创业铁律：

1. 创业赛道要建立在"大势"之上

不论什么类型的创业，都要事先选择赛道。而赛道的选择，一定要建立在"大势"之上。我过去的经历告诉我，这样做绝对让你事半功倍，否则你会发现你做得特别累，而且特别慢，甚至劳而无获。

你有没有发现这样一条明显的规律：很多企业，他们的成立时间基本接近，就像是一波浪潮一样。例如淘宝、京东，都是在中国刚刚引进互联网的时代创立的；知名"带货王"李佳琦、张大奕、薇娅等，都是在我国直播大火之际，借助直播平台开始走上创业之路。

所以，选择进行技术型创业，一定要找到"大势"。这不是机会主义，而是我的经验之谈。明确大势所趋的东西，还要保证动作要快。如果前期抓不住商机，后期才去创业，一方面市场格局基本已定，另一方面市场"蛋糕"即将被分食完，此时你才动手，竞争异常激烈，你取得成功的胜算不大。

2. 要始终以用户为导向，而不是技术为导向

技术型创业永远要记住一点：技术是手段，而不是目的。目的是满足用户需求。技术虽然很重要，但最终还是服务于用户的。

举个简单的例子。如果你是做流媒体业务的，你的发展方向并不是对标优酷、爱奇艺，而是要以用户体验为导向，将重点放在满足用户缓冲时长尽可能短、终端率尽可能少的需求。用户观看视频，重点是关心视频流不流畅。当你能够很好地满足用户所有的观看需求时，用户自然乐意向你靠拢，你的市场自然会越来越大，你也自然有了对抗优酷、爱奇艺的能力。

3. 技术型创业要耐得住寂寞

技术型创业，在关键性应用方面有一个普遍且显著的特点，就是研发投入巨大，周期长，且离盈利远。在这方面，典型的例子有很多。

例如：达·芬奇手术机器人，从启动研发到2000年拿到美国食品药品管理局的认证，前后共历时10年；以色列一家名叫Mobileye的公司，经过8年时间才等到产品正式商用。

所以，如果你选择技术型创业，就要有韬光养晦的心态。做技术，就一定要具有穿透性，要做到技术的完全突破，把所有技术困扰问题全部解决掉。否则，即便你的创业风险低了很多，即便你做到距离成功只差一点点，你的用户并不能获得良好的体验，那么你的产品依旧没有市场，依旧难以成功。

众筹型创业：筹资、筹智、筹资源，共担风险

对于草根创业者来讲，人脉不足、资金缺乏、资源欠缺，又难以独自扛起失败的风险，在此种情形下，众筹型创业是其最好的出路。

前段时间，有一位大学毕业生，在与我通过快手连麦时，向我咨询了一个问题："我是刚毕业的大学生，学的是酒店管理专业。我爸做的是酒店生意，想让我毕业后帮他打理酒店生意。然而我想和自己的几个同学一起创业，做一家极具特色、创新性的酒店，而且创业计划书也都策划好了。但目前我们资金方面严重不足，而且有一位同学担心创业风险问题，想要退出。您能帮我支个招吗？"这位毕业生有创业想法、有创新思维是好事，显然，资金和风险，对于他和他的合伙人来说是最大的障碍。所以，我给他们的建议是，用众筹的方式开启他们的创业之路。

传统意义上讲，众筹就是一种公开向群众募集资金，将创意付诸实践的新型商业模式。但我认为众筹并不仅限于筹集资金。如果你的创意有限，你可以发起智慧众筹；如果你的资源有限，你可以发起资源众筹。总之，众筹可以实现筹资、筹智、筹资源。众筹的方式不但能为创业者快速募集资金，还有低门槛、开放性等特点。而且众筹这种新型创业模式，对于创业者来讲，不但能实现共同出资、共同谋划、资源共享，还能实现共担风险，是一种绝佳的创业模式。因此，众筹型创业也是我十分推崇的。

正是因为如此，众筹能够帮助每一个有志创业的草根，不再因为资源

不足而举步维艰，也能像其他人一样在机会均等的条件下，实现自己的创业梦想。可以说，众筹是创业者的项目通过网络的形式向外推广，有效增加创业成功的砝码。通过众筹，创业者能够获得更多人的支持，证明了自己选择的创业项目在市场中有很好的发展前景，这样也就增加了创业者的信心。

但做众筹型创业，并不是随随便便就能筹到资金的。对于如何才能加速你的众筹创业成功的问题，我在这里重点强调几点做众筹型创业的重要步骤：

第一步，对创业项目进行预热

要想让更多人参与众筹项目，要想加速实现众筹目标，你要做的第一步就是为你的创业项目造势。换句话说，就是提高你的创业项目知名度。寻找一些知名度很高，或者在你的创业项目领域已经取得了赫赫功绩的人来为你的创业项目做推荐，这些人帮你"摇旗呐喊"1小时，胜过你忙碌宣传两三天的效果。

所以，那位即将走向创业之路的大学生，完全可以借助他父亲在业界的影响力为自己的项目提升知名度，让更多的人在其项目正式上线之前就产生兴趣。

第二步，利用网络社交媒体平台传播

社交媒体平台是最好的信息传播平台。在社交媒体平台上，分享、转发成为人们社交过程中常用的渠道，也正是通过这样的渠道，实现了信息在人与人之间的快速传播。所以，你可以借助微博、微信群、微信朋友圈、QQ群、QQ空间、论坛等，任何一种社交媒体渠道，发布有关你的创业项目信息。当然，你也可以在众筹平台上利用一键转帖功能，更加快捷地将项目信息分享出去。

第三步，发起众筹，引导舆论，引发焦点效应

在做好前期准备之后，接下来就是最重要的一步——发起众筹。但要想加速众筹成功，还需要你加把火，那就是在发起众筹的过程中，给大家讲述一个富有情怀、能引起共鸣的故事。再加上丰富多样、具有吸引力的众筹回报内容，自然能吸引更多的支持者参与进来，这样才能为你的创业项目吸引来更多的资金、创意、资源。

第四步，给支持者送上真挚的感谢

当你发起的众筹活动成功之后，无论你后期事业发展如何，你也一定要对每一位支持者亲自打电话表达谢意，或者亲自感谢所有给予支持的人。人都是有情感的，你的感谢会让每位支持者内心感觉是温暖的。

当然，"打铁还要自身硬"。既然你想创业，首先就需要有一个好点子、好创意，否则难以得到支持者的认可，即便发起众筹也难以成功实现众筹目标。另外，如果是众筹资金，我不建议你设置得太高。因为筹集资金数字越低，有可能在筹款期限内越早达到金额目标。这样，你就有了继续筹得更多款项的时间和激励理由，支持者在心理上也会看到你项目有进展，会觉得这个项目是值得支持的好项目。这也是推动你的创业项目快速成功的动力。

内部型创业："背靠大树好乘凉"

创业初期，创业者的四大难题：找人、找钱、找方向、减小风险。这四个问题，在企业内部创业比创业者自己独立创业具有更加天然的优势，而且内部型创业也是吸引尖端人才留下来的主要原因。

内部型创业，即员工在大企业内部进行的创业。可以说，大企业是内部型创业者的资源池。在这里，创业者"背靠大树好乘凉"，无论人、钱，还是方向、风险问题都不再是问题。也正是如此，腾讯有了如今聚集了11.51亿中国用户的微信；阿里巴巴拥有了全球超过10亿用户的支付宝。也正是如此，海尔孵化出了雷神，荣耀拥有了强大的华为。

我认识一位在大公司上班的朋友，他的职位已经做到了研发经理。按照常人的思维，认为他肯定在公司发展得十分不错。但有一次聊天时，他抱怨自己的工作有"三痛"：一是研发的产品或技术，在市场上经常不被认可；二是自己手中只能整合到一小部分资源，绝大部分资源掌握在其他部门手中；三是即便自己干得再好，工作再出色，也就拿着跟别人差别不大的工资。我就建议他："如果你们公司有好的体制和制度，你可以考虑申请一下内部创业，也未尝不可。这样你的这些问题便会迎刃而解。"

我为什么要建议朋友这么做呢？因为内部创业，首先，朋友可以将他研发的技术或产品直接推向市场，而不是自己闷头搞研发，结果创造的技术产品很可能不被市场接受。其次，既然做内部创业，公司内部的所有资源都可以加以利用，而且人、财、物、供应商、客户等也都可以为己所用，而不是一个只做研发的光杆司令。最后，他还可以通过股权或分红等方式获得高回报的创业价值，这要远远高于自己的工资。

那么什么样的企业适合进行内部创业呢？很多人认为内部创业是成熟大企业干的事情，中小企业不需要也做不了。我却不这么认为。大企业的确在人力、资源、资金等方面十分充裕，适合内部创业。但中小企业难道就没有内部创业的机会吗？当然不是。

关于内部创业，我在这里给出几点建议：

1. 企业发展需求决定是否需要内部创业

如果一个中小企业，其自身发展的过程中，需要分为不同的板块来应对不同的市场需求，那么在这样的中小企业内部是适合创业的。

我举个简单的例子。如果是一家60多人组成的大数据金融风控公司，由于公司发展需求，需要开发出风险预警、不良资产管理和保险服务三个板块的产品，满足不同应用场景的需求，那么这样的中小企业是非常适合进行内部创业的。不同板块的产品，可以更好地拓展业务群和客户数量。对于内部创业者和整个公司来讲，都是非常好的事情。

可见，内部创业，看的并不是企业"个头"的大小，而在于其本身发展的需求。

2. 管理与资源影响内部创业成功与否

一家企业有能力支持内部创业，关键还在于其内部机制。好的内部机制可以让内部资源最大限度地发挥其应有的价值，否则就会造成严重的内耗。

如果一家企业各个部门"各自为政"，不愿将自己部门的资源拿出来与其他部门共享，就容易在企业内部形成多个"数据孤岛"。这样不利于释放资源红利，会抑制企业内部创业活力。所以，要想进行内部创业，首先就需要打破这种"数据孤岛"格局。

另外，你还需要学会抓住"关键资源"。我在这里讲的"关键资源"，实际上就是企业品牌背书。我认为，内部创业者应当十分看重这一点。企业本身已经有了影响力、知名度十分强大的品牌，而企业的品牌背书，就是内部创业者最大的资源。

作为一个内部创业企业，要想进入市场，首先需要有一张"门票"，而"品牌背书"就是最好的准入门票。一旦有了大企业的配属，你在市场中别人看待你的眼光就会不一样，你在市场中生存的时候也会相对容易很多。

当年海尔内部创业企业雷神的创始人之一——李艳兵，在谈及内部创业成功经验时，就说道："我们刚开始请上海、重庆两家代工厂各生产50万台游戏本，如果没有海尔这个背书，谁会接这个单？"

其实，很多时候，那些投资人更多看重的就是大企业的品牌背书。所以，借大企业背书，也是内部创业者必须抓住的关键资源。

掌握了以上两点，我想你可以很好地判断你所在的企业是否适合内部创业。如果答案是肯定的，那么你进行内部创业，各方面创业条件都具备为你的创业"保驾护航"，你创业失败的风险会降低很多。

复制型创业：复制样板，实现企业快速成长

初创企业未来成为市场龙头，是每个创业者所希冀的。但对整个企业来说，盲目快速扩大依然存在着极大的机会风险。如果营销市场下滑，就会使得整个企业业绩也跟着下滑。因此，作为创业者，既要有强烈的进取心，还要有长远的战略发展眼光，由点成线，由线成面，构建一个个成熟的板块化市场，才能让自己足够强大。

我把这种根据成熟样板小企业，逐渐复制发展成为巨型连锁企业的创业模式，称之为复制型创业。复制型创业，即从各区域发展成型的地头蛇级企业，逐渐通过复制，成长为全国乃至全球的强龙级企业。这样的企业，不但能降低大规模盲目扩张的风险，还能快速实现成长。

复制型创业企业的发展往往是一种波浪式推进路径，即打造样板市场→复制样板市场→形成板块化区域市场→连片板块化区域市场→全国化龙

头企业→全球强龙级企业。

那么如何打造样板市场呢？以下是我总结的方法：

1. 划分板块，确定市场策略

既然采取复制型创业模式，那么首次进入市场的面积不能太大，只要几个地区就足够了。然后把板块市场划分为大本营区域、重点区域、游击区域等，根据不同区域，推行不同的市场策略。如：大本营区域，自然是要进行精耕细作的，因此要有高覆盖率和高占有率策略；重点区域实施重点投入和直分销模式。

2. 区域集中突破

要想在一个特定的区域里打造属于自己的市场，首先就需要以点带面。简单来讲，就是要聚焦该区域里的同类产品，选择具备相对竞争优势、具备战略影响地位、区域市场容量足够大的点，将其做深、做透，从而打造出具有相对竞争优势的机会性市场，最终在整个板块区域成为第一。

3. 连点成线，样板推进

当样板市场逐渐发展成熟，那么就可以选定可大规模复制的样板，集中人力、资金和资源，进行快速、高效复制，从而快速进攻市场，将样板化市场全面快速推进。

举个简单的例子。如果你在A、B两个相邻三线城市各开了一家便利店，经过一年的精心运营，其中A地的便利店异常火爆，而B则相对一般。所以，你可以将A地的市场策略、经营模式、管理模式等作为样板，在其他C、D、E、F、G等其他城市开始逐渐推进，通过复制A的模式，扩大市场份额。将原本一个个区域便利店逐渐连成线，再由线逐渐发展成一个巨大的面。此时，连锁店越多，你的复制型创业也就越成功。

4. 实现样板间的联动

连锁店之间如果没有联动，也就没有整体效应。任何企业，要想取得大规模成功，必须使得品牌影响力和销售力都能在大范围内形成一种强势。而这种强势需要各个样板之间，即连锁店之间进行联动，这是决定你的企业能否持续发展的关键。

例如：如果你的便利连锁店在某一周全部都举办店庆活动，很多商品都有优惠，这样生活在不同地区的很多人都知道这一周是你便利店的店庆周。这样就使便利店的知名度范围更广。如果你只在某几个区域的便利店举办店庆活动，显然很难达到这样的效果。

5. 标准化和特殊化相结合

在大规模复制样板的时候，还应当注意，总部作为加盟连锁企业的"大脑"，需要所有的连锁店都要保证有统一的主导产品、统一品牌传播形式和风格、统一的价格管理、统一的管理模式。此外，在遵循这一条发展主线的基础上，还需要根据不同区域进行标准化与特殊化管理。没有标准化，企业无法持续快速扩张与发展，而缺乏特殊化，则会使得企业在盈利上大打折扣。总之，复制型创业，就需要你能够在标准的基础上，进行弹性经营，找到一条更加适合自己的发展之路。

第八章

小规模创业：
小而美的企业也能实现规模化

对于草根来讲，资金受限，则小规模创业是最好的选择。很多时候，大企业就像是一艘体量巨大的船，一旦在航海的过程中遇到暗礁，往往尾大不掉，难以摆脱困境。小规模创业企业，虽然看上去公司很小，却是美好的。正如马云所提到的"小而美"的概念，小规模创业企业，更加注重细分市场，这是其"小"；注重细节之处让用户感动和认同，这是其"美"。基于这种"小"和"美"，企业也能实现规模化。

加盟型创业：整店复制，可以大有所为

在当前"大众创业，万众创新"的时代，创业已经成为时下的热门话题，许多人选择品牌加盟的方式进行创业。我将这种创业模式称为"加盟型创业"。

加盟型创业是一种典型的小规模创业，我认为具有以下几方面的优势：

■品牌定位清晰：对于创业"小白"来讲，即便是有好项目，如何去经营也是一个问题。用加盟的方式去创业，本身品牌商做指导，就给你做了十分清晰的目标和定位。所以，你只要"随风而动"，跟着品牌商走即可。

■开店即有知名度：品牌商在之前已经凭借自己的实力在市场中打下了大片"江山"，所以其知名度和影响力可想而知。你选择加盟，不仅可以节约这部分宣传资金，还能靠品牌商的知名度为你免费打广告，为你引来顾客。

■货源无忧：独自开店，第一步就是要四处寻找货源，但不一定能找到好的供应商，质量差、价格昂贵，往往是开店亏本的原因之一。选择加

盟，则品牌商做你的货源后盾，保证你货源无忧。

■商圈保护：品牌商会为了保障你的日常运营，对你以及其他加盟商设置商圈保护。即在你的店铺周围，不会出现第二家加盟店抢你的生意。

所以，我认为，选择加盟的方式进行创业，是非常不错的选择。既安全，又容易上手，只要对加盟商的店铺进行整店复制，就可以创造销售神话。所以，选择加盟的方式进行创业，你同样可以大有所为。

但通过加盟这条路创业，在具体操作过程中，并没有你看起来那么简单。如何选择适合自己的、有价值的品牌加盟，就是对你的第一重考验。

1. 选择自己熟悉的行业

在商界，"不熟不做"是一句人们常说的话。也就是说，无论做什么投资，一定要选择自己熟悉的、感兴趣的行业，否则就不要去碰。以下我分享一下我分析的各行业的加盟前景：

（1）便利店

便利店不用花费太高的资金去投资，收益稳定，闭店率较低，抗风险能力强。但在加盟初期，以及对于那些"小白"来讲会比较辛苦。便利店毛利率不高，不要期望在短期内收获太多收益。

（2）餐饮店

餐饮店毛利高，而且可以进行进一步细分，火锅、快餐类较容易复制，中西式正餐经营比较麻烦，大多以直营为主。但经营情况千差万别，转让率较高。

（3）美容美发

美容美发通常在社区中的需求度较高，毛利率很高，但一旦服务上出错，容易带来不良口碑和影响。

（4）修鞋洗衣

盈利状况与店铺位置的选择和人气有关，一般大品牌有很高的知名度，比较有保证。

（5）教育类

教育类同样与品牌知名度有关，与店铺位置有关。

（6）连锁酒店

投资额较高，竞争激烈。

2. 选择对的加盟品牌

选择品牌很重要，只有选择对的品牌，自己才能放心经营。如何才能选对品牌商呢？我有几个方法在这里分享一下：

（1）看品牌商对你的要求

很多加盟商想要一下子就开大店，而且只想做出钱不出力的"甩手掌柜"。而那些真正好的品牌商，往往会拒绝这种"贪大求全"、只想做"甩手掌柜"的人，并且会对加盟商进行培训，对加盟商十分负责。

（2）看品牌商的口碑

品牌商好不好，从顾客和之前加盟的商家的口碑就能进行判断。所以，在加盟前，一定要对品牌商的口碑进行考察。

（3）选你熟识的品牌

你对某一个品牌有一定的了解，很多地方见过这个品牌，那么这个品牌往往值得信赖。否则，技术不成熟或者新品牌公司往往存在较大的风险。

一次，我在和一位朋友聊天时，聊到了当前的市场中盛行的网红店，尤其是奶茶界的网红"表白茶"很受年轻人的青睐。此时，朋友说他的一个表妹就是开网红店的。当时，他的表妹刚从大学毕业，正为就业问题犯愁。有一天，她看抖音时，看到"表白茶"在抖音上爆红。女孩子本来就喜欢喝奶茶，于是她一下子被吸引了。她发现这款奶茶撕开封条之后，就会有一句暖心的表白，很多网友将这个奶茶作为一个全新的表白方法。也有很多网友到这家奶茶店打卡。

朋友的表妹看后，灵机一动，既然"表白茶"深受年轻人的喜爱，而且年轻人是当前市场的消费主力军，别人能加盟，我是不是也可以？后来，她在百度上搜索找到了"表白茶"的加盟电话，进行了详细咨询，并进行了实地考察，发现"表白茶"实力雄厚，市场中已经有很多人开了加盟店，店面虽然不大，但经营得都很不错。总部还会将全部经营经验等传授给加盟商，教加盟商如何搭建自己的商业模式等。

经过详细了解之后，她觉得做加盟生意是一件十分容易的事情，甚至比打工还要容易。再加上自己大学本身就是学习酒店管理的，完全可以将自己学到的东西加以运用，将加盟店打理好。于是，她说干就干。拿出了自己勤工俭学赚的钱以及奖学金，还从父母那里凑了些钱，这样属于自己的一家奶茶店就开业了。开业一个月，她收获了丰厚的收入，这也是她人生中创业获得的第一桶金。她还打算在其他地段再开一家加盟店，交给父母去经营。

朋友表妹虽然刚刚大学毕业，但眼光却十分独到，没有像绝大多数毕业生一样走上打工之路，却选择加盟的方式进行创业。在选择品牌商方面，她能够抽丝剥茧，而不是盲目去选择。在这方面她是有自己的判断和选择，是非常可取的。

（4）去品牌商公司实地考察

百闻不如一见，最好的方法就是去品牌商公司进行实地考察，去不同的加盟店考察，如果给你的信心不足50%，那么你最好不要去加盟。

3. 审视自己是否适合加盟创业

选择加盟创业，最重要的一点就是审视自己是否适合加盟创业。因为品牌商也会对加盟商进行筛选，包括是否有管理技巧、是否做过店铺经营、服务意识是否强烈、是否有亲和力等。所以，如果你自身在各方面都有优势，那么你就可以选择加盟创业。除此以外，你还要清楚，自己是否对当地情况十分熟悉，是否对这种业态有深入了解，是否具有销售能力、市场信息收集能力。这些对于你开加盟店来讲都是必要的条件。

最后，如果你做加盟，我给你一点忠告：生意终归是自己的，服务质量如果跟不上的话，最终毁掉的还是你。当然，虽然加盟是对品牌商经营理念、运营模式等的一种复制，但复制并不代表不能创新。你完全可以根据当地的情况做一些特色服务或宣传，只要能吸引顾客、能提升销量，虽然做加盟，但适当创新也未尝不可。

网店型创业：整合平台资源，小店中注入大智慧

当前，有很多年轻人，拥有高学历，有着不错的工作，但最终选择另辟蹊径创业当老板。开网店是不少人的选择。

开网店与开实体店相比，不需要租赁商品展示场地，只需要一个小小的工作间，再加上几台电脑、几套办公桌椅、几个货架，就可以开始自己的创业生涯。所以，开网店，实体规模要小很多。据我所考察，目前女性服装、日用品及儿童用品在网络上销售成绩最好。

但很多人开网店，最担心的就是竞争太激烈，一上淘宝随便搜索一件东西，出现的同类、相似产品上百页，有几千几万家店铺在销售。所以，我认为，开网店，最重要的就是要想办法将你的商品显示排名排在最前面。有了上首页的机会，接下来才有人点击你的商品，才有产生交易的可能。

对于以上问题，以下是我总结的一些方法，我在这里以淘宝为例。

对于淘宝卖家而言，影响商品排名的因素有四个：

第一个是店铺因素，主要是指动态评分、投诉情况以及纠纷退款率等数据。

第二个是商品内功。我在这里将商品分为内功和外功两种。内功就是指商品的标题，关键词优化、主图、定价等；外功是指商品的推广。

第三个是商品数据，主要包括收藏加购率、点击率、转化率、销量、上架时间等。

第四个是违规数据，主要包括刷单被抓会被扣分降权、售假等，这些都是违背淘宝规则的，会严重影响商品的排名。

但是，作为新店卖家，你的产品一切评分、投诉、收藏、点击等都是零，你要想提升商品排名，重点是要从商品内功"练起"。至于第一个、第三个、第四个因素，是你在商品获得靠前排名之后的事情。所以，在此之前，我建议你最重要的还是修炼内功。

那么如何修炼内功呢？

1. 提升商品排名

（1）标题

标题通常限制为60个字符，即由30个汉字组成，空格和标点以及英文字母都算作是一个字符。

第一步，寻找标题关键词

商品标题是通过一个个关键词组合而成的。所以，在确定商品标题前，首先需要确定商品的关键词。关键词的选择应当遵循搜索人气大、竞争性小、相关性好，而且还要有一定转化的原则。寻找关键词，通常有三个渠道：

■淘宝搜索栏

通常，标题的关键词，可以通过淘宝搜索框进行搜索，然后可以复制搜索栏下拉框中给出的关键词，并将这些关键词拿来做成一个商品的关键词词库。因为这些词一般都是消费者搜索率很高的词。

■淘宝直通车

你还可以通过淘宝直通车的关键词进行分析之后再寻找你想要的关键词。一般淘宝直通车给出的关键词都会是具体的数字，如展现指数、竞争度、转化率等，只要从中选择相关性高，而且符合关键词选择原则的词，并将他们复制到专门简历关键词词库当中。

■生意参谋工具

生意参谋工具实际上是将之前数据魔方和量子恒道进行整合之后的阿里巴巴升级版数据平台，所以从生意参谋工具中可以通过搜索词分析和商品店铺榜来搜索和筛选合适的关键词，然后将这些关键词复制到关键词词库当中。

第二步，组合关键词成标题

一个好的标题=商品价值关键词+商品商业关键词+商品属性关键词

■价值关键词：即商品给买家带来的价值，如果能做好价值关键词的提炼，那么商品的价值就会超越其功能本身。

■属性关键词，即商品分类、名称、型号、功能、特性等关键词。

■商业关键词：即经营手段或者促销行为的词语，如包邮、买赠、亏本、甩卖等。

标题关键词的排序是有讲究的，越是重要的、越是与商品关联性强的词，越是要放在前面，其他长尾词以及销售话术词按照关联性的强弱依次排序。

关键词即描述商品主要特性的词。长尾词，即搜索量不大，但是转化率很高，建议推广的关键词里面长尾词的比例要控制在一定比例。长尾词对提高转化有帮助，但是使用过多，会影响商品的流量和展现量。

我在这里着重强调的是，不使用淘宝限制词。如"出口原单""LV正版产品""淘宝许可证"等都属于淘宝限制词，是不允许使用的。如果使用了淘宝限制词，很容易就会被扣分，降低店铺信用，店铺的搜索权重也就会降低，不利于店铺的发展。

第三步，检测标题关键词

当你组合好标题之后，就可以使用淘宝系统做一下检测，这样做能够有效避免各种错误的产生。具体的做法就是：将标题复制粘贴到搜索框中进行搜索验证，看能否分割出商品的核心关键词。如果可以，就说明你组合的这个标题是合格的；反之，则说明这个标题没有权重。此时，你就需要对你的关键词进行优化。

第四步，优化标题关键词

优化标题关键词，最简单、最基础的办法就是调整关键词前后顺序或删减、更换关键词，然后将其进行重新组合，直到能分割出核心关键词为止。

（2）定价

消费者往往在输入关键词后，还会在综合排序栏中选择价格区间，所以，商品的价格也直接影响到商品的排序。然而，给商品定价也是有技巧的，并不是定价越低就越受消费者信赖。相反，有时候定价过低，反而让消费者产生疑虑，对商品的真假、品质等产生怀疑。

对于定价问题，我在这里支几招：

①关键词定价

淘宝的推荐系统是一种千人千面的底层逻辑。在淘宝搜索栏中输入关键词后，系统会根据用户的需求和喜好推荐相关商品。此时，你在搜索结果中看到的价格区间，是系统根据你的心理价位来进行推荐的。

②数据定价

在生意参谋工具中可以查看到市场中同种商品的销售情况，对那些交易指数排名靠前20的商品价格进行统计，选择价格最为密集的范围作为商品的价格区间，你可以在这个价格区间中给自己的商品进行价格定位。

总之，做好标题和定价这两项内功，可以有效提升你的商品在首页的排名。

2. 提升点击率

要想提升用户的点击率，还需要做好主图。

主图虽然对商品的排名没有直接影响，却产生间接影响。主图做得简洁、纯净、有创新，往往能第一时间抓住消费者眼球，提升消费者点击商品的概率。

做主图，我建议你最好是参考同行，在你认为好的主图的基础上进行创新。你做得有多好，取决于你的同行有多弱。在设计主图的时候，有四点原则：

- 突出主题
- 背景清晰
- 展示清晰
- 摈除闲杂

3. 提升成交率

要想促成交易，还需做好详情页布局。

产品的详情页，就好比是你的销售员。既然是销售员，就一定要能够为消费者解决他们最为关注的核心问题，也就是消费者最疑惑的地方。如果你的网店经营的是服装，消费者看到的只是你的服装款式，对你的商品材质、规格、功用（保暖、显瘦）、是否支持无理由退换货等一概不知也是不行的，这些也是消费者最关心的事情。

所以，你在商品详情页，一定把握好以下几点：

- 商品细节展示
- 与其他同类商品的细节比较
- 资质证明或资格证书
- 产品生产流程、产品原材料
- 用户体验效果

详情页直接影响消费者是否会产生购买行为,所以详情页向消费者传递的信息越真实越好；越能解开消费者疑问越好。

总之,开网店创业,要想有曝光、有点击、有销量,就要依托成熟的电子商务平台。只有学会充分整合平台资源、熟悉平台规则,并充分发挥自己的智慧,从一个小规模店铺逐渐发展壮大。

居家型创业：一部手机轻松开发广阔市场

很多人都希望自己足不出户就能经营一项属于自己的事业。其实这个问题一点也不难,在当前的互联网时代,任何足不出户的事情,在以往认为的不可能都能够成真。所以,在家里,你同样可以实现你的创业梦想。

尤其对于很多居家女性来讲,她们往往需要照顾孩子、照顾老人、做好家务,她们相对而言没有太多的自由支配时间,所以出去工作不现实,出去创业更不现实。在家里创业便是她们的绝佳机会。我将这种足不出户在家里进行的创业模式称之为"居家型创业"。

居家型创业模式,最大的优势在于：

首先,创业者无须有像大公司那样的创业压力,而且时间支配上更加灵活。

其次,在家里办公,能够省下很多开销成本,如办公室租赁成本、聘请员工的薪水等。

最后,创业者只要一部手机,就能开拓出广阔的市场。

所以,这种居家型创业,是一种典型的小而美创业模式。

我认为,选择居家型创业模式,可以作为创业项目的有：图纸设计、课程辅导、文字翻译、才艺班等。

但家居型创业者，无论你从事任何类型的工作，以家庭为基础的创业，要想取得成功是要一些必要条件的。以下是我总结的居家型创业必备的成功要素：

1. 做自己喜欢的事情

兴趣是最好的老师。你能否通过居家型创业模式收获财务自由、收获乐趣、收获回报，关键是看你是否喜欢做这件事情。如果你对自己做的事情没有多大兴趣，就会影响到你创业成功的概率。事实上，如果你不喜欢做自己所做的事情，你压根就不会成功。

2. 认真对待所做的事情

居家创业，往往容易受家人嬉笑、玩闹、电视等声音的影响和打扰。所以，一定要有足够的克制力，认真对待所做的事情。

3. 做好计划工作

即便在家中创业，也一定要有创业的样子。所以，做好每项工作的计划是非常有必要的，能够帮你逐渐养成一个居家创业者应该有的工作习惯。有计划、有目标地工作，才能使你在创业的过程中有明确的努力方向，才能让你有动力，加速向成功迈进。

我有一位学员，他在山东某地级市做小学生绘画培训，市场竞争太大，他曾经去附近的学校发传单招生，但收效不大，很多生源都被学校老师和竞争对手瓜分了。于是，他的创业路遇到了瓶颈，便向我求助，让我帮他指点下。

于是我帮他认真地分析了一下：这位学员绘画水平很好，在家做小学生才艺培训，规模小，所以投入成本小，又赚钱。但唯一的问题是招生困难，而且有的竞争对手十分强悍，如果正面交锋，几乎没有取胜的可能。所以，我给他的建议是，一边做"小饭桌"，一边做小学生绘画培训和才艺培训。

如今，家长忙于工作，中午没有时间接送孩子，他们就会安排自己的孩子到学校附近的地方吃午饭、休息。这就是"小饭桌"。如果这位学员能开一个"小饭桌"。小学生吃"小饭桌"是刚需，是必需的消费行为，而参加才艺培训则是非刚需，非必须消费行为。"小饭桌"生源虽广，但利润低；才艺班生源少，但利润高。所以，如果能将"小饭桌"作为整体创业的前端，才艺培训作为整体创业的后端，并且只要有超过40%的生源转化为才艺班的生源，则获得的利润就会非常可观。

但解决这一问题还有一个关键点，就是站在消费者的角度，首先要保证"小饭桌项目=放心"。如果将放心进行进一步拆分，"放心=吃得好+玩得好+休息好+安全"。

"吃得好""休息好""安全"，是容易做到的，没有什么技巧可言。只要做到卫生、营养、适合孩子口味、有卫生许可证、检疫证、环境舒适等，就能保证实现这几点。关键在于"玩得好"，如何才能让小学生感觉自己在这里十分开心、不愿意离开，还需要开动一下脑筋。

我认为这一点，还需要以小学生为中心。小学生更加喜欢听故事、做游戏，这是孩子的天性。所以，无论讲故事，还是做游戏，最好能做一些故事插画、游戏插画，在学生听故事、做游戏的过程中展示漂亮的插画，这样既能做增值服务，又给才艺培训打下了预热伏笔。

同时，还要多留个心眼，每周给"小饭桌"学生们吃饭、做游戏、听故事的时候拍照，将冲洗好的照片送给学生，让他们带回家给父母看。他们看到你精致的小饭桌和精心的互动、精美的插画，自然会觉得自己把孩子送过来很值。在信任你的同时，也会对你精美的插画感兴趣，自然想着在你这里学习才艺，不但放心，还省去了自己接送孩子去其他地方学习才艺的麻烦。

这样，虽然我们没有一句推销话术，但因为信任而成交。此时你的整个创业之路就会平坦很多，好走很多。

所以，即便是居家型创业，规模再小，也一定要有计划、有谋略。这样创业才更容易成功。

4. 精明地管理资金

虽然是小规模创业，但麻雀虽小五脏俱全。无论做何种类型的创业，你前期都需要投入成本，做图纸设计，你需要耗费大量的纸和笔以及其他绘图专用工具；做课程辅导，你需要买进桌椅、教材等基本用品；做文字翻译，你需要查阅大量的翻译工具书；开办才艺班，你需要多种辅助用品，如画笔、陶泥，甚至价格较高的乐器等。所以，每一笔收入和支出，你都要做好账单，保证现金流明晰、健康。

5. 主动进行销售

居家创业者，一定要牢记，无论你点子多好、目标客户多精准，如果你不主动去推销你自己的才能，任凭你掌握多好的工作技巧，都是徒劳的。

6. 以客户为中心

即便是做小规模的居家型创业，也一定要注意以客户为中心。要知道，这种小规模创业，要想长久发展，就必须有能够战胜那些大型企业的优势。如果你的产品和服务都不能以客户为中心，那么你是很难赢得客户。所以，你做任何事情，如业务政策、付款方式、运营时间、促销活动、保证条款等，一切都要围绕客户进行，以为客户提供最大的便利、迎合客户的需求为目的。

7. 构建企业形象

创业规模小，就更应该为自己打造一个良好的企业形象。只有客户觉得你是专业的、你的确为了他的事情尽心尽力了，才能给客户留下良好的印象，才愿意与你形成长期合作关系，并为你转介绍更多的客户。所以，即便是小规模创业，也一定要有精致的办公环境、高雅的陈列，给人一种有格局、有前景的感觉。

8. 投资自己

我在这里说的投资自己，实际上强调的就是要多购买并阅读相关商业及营销书籍、自己从事行业的相关书籍。只有不断提升自己，才能让人感觉到你的优秀。"你若盛开，蝴蝶自来"就是这个道理。

创业成功不是能不能，而是你要不要，愿不愿意。居家型创业，规模小，投入少，易操作，成功率较高。只要肯努力，肯下心思，你做居家型创业，同样可以取得成功，而且收益永不封顶。

兼职型创业：有效利用业余时间提升个人收入

有人想创业，但又没有太多的资金，担心创业风险，担心创业不成功，也丢了自己现在手里的工作。其实，我觉得你大可不必如此瞻前顾后，如果你能用好你的业余时间，你同样可以边打工、边创业，而且有机会取得成功、提升个人收入。我将这种边打工、边创业的创业模式，称之为兼职型创业。

做兼职型创业，我建议你在真正打算开始之前，慎重思考三个问题：

问题一，是否有时间

做兼职创业，首先你要保证自己完成本职工作之后，还有业余时间供自己支配。如果答案是否定的，我劝你不要做兼职创业。因为你会顾此失彼，捡了芝麻丢了西瓜，不但创业失败，还会丢了自己现在的工作。

问题二，审视自己是否适合做兼职

做兼职创业，还需要你对自己进行审视，审视的内容要包括你所掌握的知识与技能、你的才干以及驱动力。如果这几项你不全部具备，那么我也不建议你去做兼职创业。尤其是你的驱动力如果不够的话，即便你知识丰盈、技能高超、才华出众，对于创业来讲，都会毫无成效，更难以成功。驱动力，即个人内心深处对创业的原动力，如果你没有良好的驱动力，那么一切都是徒劳的。

问题三，是否会泄露公司机密

给别人打工，一定要有良好的品德和职业操守，这是一个打工者必备的特质。所以，如果你的兼职创业项目涉及公司机密，那么我奉劝你千万不要去做。对人对己两不利的事情，不要去触碰。

如果认为适合做兼职创业，那么你也就具备了兼职创业的条件。以下是我总结的做兼职创业的两个实用技巧：

1. 利用身边资源，将特长发展成创业项目

很多时候，你不但要自己在创业项目上有特长，还要善于发现身边的资源，将这些资源利用起来为己所用。

我的一个朋友是银行的客户经理，主要负责高新科技企业的公司贷款业务。他的朋友是做知识产权服务的，主要负责帮助企业申请高新科技企业认证，申请国家补贴等工作。

我的朋友经常会给他的这位朋友介绍自己的客户，申请高新科技技术补贴。这样他就可以拿到介绍佣金。而他的朋友也会给他介绍业务，帮助企业申请贷款，从我的朋友这里收取利益。

两个人都是充分利用身边的资源，再充分发挥自己平时推广业务的能力和特长，做起了兼职。而且他们的兼职创业内容，并不影响自己的本职工作。

朋友的这种兼职创业模式关键点在于，他与他的朋友虽然从事的业务不同，却可以共享客户。换句话说，他们面对的客户，既对朋友的业务有需求，也对他的朋友的业务有需求。其实，这种资源是最容易为己所用的，更为兼职创业提供了很好地便利条件，有助于兼职创业取得成功。

2. 做与自己工作有关的兼职创业

很多人做兼职创业，就是在自己本职工作基础上另辟新天地。当然，其兼职创业的内容不是自己的本职工作，却与本职工作有一定的关联点。

比如，前段时间大火的电视剧《长安十二时辰》，其作者是马伯庸。马伯庸在有名气之前，原本是一家外企的小职员，后来他有了兼职创业的念头，便开始在闲暇时间写小说。后来几部小说热卖，人气才逐渐火爆起来，圆了自己的创业梦想。

总之，做兼职创业，无论做什么兼职，关键是你要有眼光。如果能够看到项目有利润空间、产品有独特性，那么你可以去尝试。有的兼职型创业者所赚的收入超过主业收入的好几倍，甚至在不断摸索中，找到了自己未来发展的另一种可能。我要重点强调一点，就是一定要注意，你的本职工作依旧是你的主业，兼职虽然是创业，但也要将其作为副业来看待。

PART 3
轻 资 产 低 风 险 创 业

第三篇

运营篇：
套路运营，寻找突围之路

第九章

创业经营：
重要的是经营好自己

创业，看似经营的是自己的企业，实则是在经营自己。而且经营自己是创业者的首要工作。只有经营好你自己，把你自己推销出去，你才能很好地推销你的产品和品牌。否则，你无法应对创业路上的种种挑战，结果只有死路一条。

把自己的优点经营成亮点

创业是什么？很多人认为就是开创属于自己的人生事业。没错，但我的理解是：创业就是一个将自己的优点经营成亮点的过程，当你的亮点受人青睐和认同时，也就是你事业成功之时。

这个世界上，金无足赤，人无完人。优点和缺点总是共存，但要想创业，并把企业经营好，关键是要发挥个人的优点和专长。

那么如何发挥自己的优点和专长去创业呢？我认为"以案说法"比较通俗易懂。

安徽省南陵县弋江镇有一个农家孩子，初中毕业后便开始打拼，后来自己创业。多年之后，他已经成为上海新龙城建筑集团、古麒羽绒股份有限公司等多家企业的董事长，他的名字叫谢玉成。

谢玉成一路蜕变的过程，就是一个将自己的优点经营成亮点的过程。

谢玉成从小学到初中，美术成绩一直都特别好。上课时，老师经常让他在黑板上画图，然后老师讲解，让同学们照着画。而且每年过年家里的年画也都是他画的。虽然在美术方面十分有天赋，但农村出来的孩子，要想通过美术来实现创业十分不现实。

有一天，隔壁家的儿子娶媳妇，找了个当地有名的油漆匠漆家具。他想跟着油漆匠学，却担心被拒绝。于是就站在旁边看，帮忙递东西，他看在眼里，也记在了心上。就这样他掌握了油漆工艺的整个过程。

后来，有个偶然的机会，他给在甘肃画院工作的远房亲戚写了一封信，请他帮忙买几本油漆作业方面的工具书。此后，他就在工具书的指导下，正式走上了油漆创业之路。经他手出来的家具，亲戚朋友们都说漆得好。

起初，他免费为别人漆油漆。半年之后，才开始只收成本费。一年后，他的技术已经在方圆十几里内很有名气了，才开始收费，成为正儿八经的油漆师傅。后来，他干过工程承包，为了完成这个大单子，他每天起早贪黑，最终保质保量如期完工，赚了人生中的第一桶金。

此后，他便开始将油漆作为自己的发展方向，硬生生将一个油漆工发展成为新龙城建筑集团。

根据我个人的经验，创业其实就是展现自己优点的过程。当你将你的优点逐渐经营成为亮点，并被人们所接受和认可的时候，那么也就是你创业成功的时候。谢玉成能够将自己擅长的美术绘画技能最大限度地发挥出来，并一步步将其逐渐经营成被人们所认同的亮点，最终一举成功。这就是最好的证明。

那么如何发挥自己的优点和专长进行创业呢？我认为有两点是你需要做的。

1. 明确你擅长的是什么

一个人从最擅长的东西入手做一件事最容易收获成功。所以，创业，首先要明确自己擅长的东西、做好市场定位。只有你擅长的东西和精准的市场定位，才能将你的优点和专长更好地应用于市场开发过程中。

2. 成为你擅长领域的精英

既然你在某方面擅长，有优势，那么你就要在这方面不懈努力，扎根深处，最终成为一个决策高手。当你成为高手的那一刻，你已经利用你所擅长的和你的优势，在你的事业上取得了一定的成就。

创业，重点还在于能够好好经营自己，只有越来越多的人认识你，发现你的亮点，你才能有更好的知名度，才能创造出更强的事业，取得更大的成功。

创业不要输在自己的急、懒、贪

有些创业者曾向我吐露心声，认为上天对自己太不公平，同样创业，别人取得了成功，而自己却成为失败者。其实，你是否在抱怨或失败之前思考过，为什么同样创业，别人成功了，而自己却失败了？

是因为创业资金不足？是合伙人不够默契？是创业资源不够充足？是商业模式没有选择对？如果这些问题都是否定的，那么你就应当从自身入手，思考失败的原因。

根据我的总结，自身问题导致创业失败，往往是因为输在了以下三个方面：

1. 输在了"急"上

如果一个人愿意用自己的一生去做一件事情，那么天下没有做不成的事。很多创业者以失败告终，是因为他往往想着自己眼前这一阵子要做成功。因此，这类人输在了"急"上。

创业，就好比是种树。创业的过程，就是一个种树的过程。当你种下一棵小树后，你只有对它百般照顾、百般呵护，才能让它的根深扎土壤之中，才能吸取更多的养分，逐渐长成枝繁叶茂的参天大树。而这个过程是一个缓慢而稳固的过程。如果你等不及了，想这棵小树快速生长，拔苗助长，那么你已经违背了自然规律。最终，你得到的只是一棵死树苗，永远也看不到它成为参天大树的样子。

俗话说，"心急吃不了热豆腐"，如果你总想一口吃成胖子，急于求成，那么你最终会一事无成。

2. 输在了"懒"上

古人云"天道酬勤"。只要你在创业的过程中比别人勤思考、勤琢磨、勤沟通、勤打电话、勤发信息、勤上门拜访，那么你的创业决策、创业模式必将在不断调整和完善的过程中得到优化。你的顾客也必定因为你提供的良好服务，而忠诚于你。

创业，不要为你的懒找借口，懒惰的人是绝对不可能取得胜利的。每个人为了不被淘汰都在拼命努力，你选择安逸，就等于选择被淘汰的命运。

3. 输在了"贪"上

如果你开始创业的时候就一心只想着赚钱的事情，如果不赚钱就不去做，那么你一定难以成功。因为你在盈利方面太过贪婪，只想着收获而不想着付出。其实，你的这种思想，就像钓鱼一样，在鱼不上钩之前，你是绝不会投鱼饵的。这样如何能成功？

如果你是认真做事的人，我劝你少一些抱怨、少一些懒惰、少一些贪婪，不要轻浮，也不要急功近利。踏踏实实在某个细节上付出足够多的时间和精力，那么你就离好的创业成绩不远了。所以，创业，不要输在自己的急、懒、贪上。

停下来是为了更好地奔跑

草原上羚羊跑得快，是为了躲避狮子，以免成为狮子的口中餐。创业路上，我们跑得快，是担心别人追上我们，被竞争对手超越，甚至被市场所淘汰。

在常人眼中，跑得快，才能赢得竞争，才能体现自己的水平。赢得竞争自然是好事，但有时候跑得快未必一定能在竞争中赢得成功。因为，创业就像马拉松，对于创业者而言，是一个长期不断向前奔跑的过程。但长期奔跑，总会让人体力消耗巨大，在创业的下半场路上渐渐放慢脚步，甚至有的人因为前期跑得太快，最终体力消耗殆尽而无法到达终点。

在我看来，停下来思考，比一直奔跑更重要。有时候，创业路上稍微停一下或者走一走，也是很有必要的。因为，当你放慢速度的时候，你就可以得到体力上的补充，你可以满血复活，精力、战斗力满满，再次跑起来。所以，停下来，是为了更好地奔跑。

那么，创业路上什么时候你该停下来呢？

1. 感觉劳累时

创业者每天早出晚归一刻不松懈，而且日复一日、年复一年，整个人就像是一个拧紧了发条的机器，久而久之，整个人会变得麻木。甚至不知何时开始，自己已经变得疲惫不堪。这种疲惫，不仅仅是躯体上的，还是精神上的。

人的身体是最忠诚的，如果感觉劳累，就会直接表现出来，如犯困、精力不集中、颈椎疼痛等。奔跑在创业路上，人总会感觉劳累，身体机能就会告诉我们需要休息了。

2. 状态低落时

一个人的状态决定了事业的成败。当状态好的时候，即便再棘手的问题，也能够想方设法，使问题迎刃而解；当状态不好的时候，即便是简单、容易的事情，也容易错误百出。

生命就是一个此起彼伏的过程，有些"赢"的局面，也许是通过消耗过多的能量、苦苦拼得的；有些"输"的局面，也许正是否极泰来的起点和发力点。

3. 方向迷茫时

任何人在创业路上都会有迷茫的时候，走着走着不知道自己接下来走的路是否正确，不知道自己事业的未来在哪里。这个时候，我建议你最好能停下来，好好思考、好好琢磨，找出这些问题的答案。如果创业路上方向不对，那么你只有走更多的弯路，甚至永远也无法走到成功的彼岸。

这就好比是拉车。一路上岔口、崎岖不平的地方有很多，你需要时不时抬头看，还要短暂驻足选择更好走的路。如果只顾埋头拉车，你前行的路将十分艰难。

4. 道路走偏时

如果在创业路上不慎走偏，那么不要紧，赶紧停下来，调整你的方向，重新规划你的前行之路，你还有成功的机会。但如果你明知道路走偏，却还依旧硬着头皮在错误的路上前行，那么你只能离成功越来越远。所谓"四两拨千斤"，如果你一味用蛮力，只能使事情越来越糟糕，更何谈成功？

如果发现自己遇到了这些情况，那么你停下来之后要做什么呢？我的建议是：

1. 休息

球场上，体力再好、战斗力再强的球员，也是需要中场休息的。发现自己疲劳并不可怕，可怕的是，明知道自己已经很累了，却还强撑着；明知道自己困了，却还强行要去做。这样不但不会创造出业绩，反而还会出错，得不偿失。所以，该休息时就休息。休息是为了能够获得更加饱满的精神状态，去更好地工作。

2. 放松

停下来，并不等于放弃，而是在察觉到自己状态低落的时候，给自己放松的机会，让自己重拾信心和激情。

3. 思考

当自己在创业路上感到迷茫的时候，当意识到自己在创业路上走偏的时候，你要停下来，给自己更多的时间去思考接下来的路究竟该怎么走，接下来究竟该做什么好，让自己有更多的新思路、新方向、新想法、新规划。

陈诚是从我这里走出来的学员，他也是一个典型的草根创业者。大学课程学的是餐饮管理。毕业后，他去一家大型餐饮企业打工，为的就是自己能积累更多的经验和技巧，在日后自己创业的过程中有所帮助。两年后，他从底层的服务员升级为餐饮部经理。此时，他认为自己创业完全可以独当一面，于是就辞职开始创业。

在创业初期，陈诚经营得很不错，但是一年后餐馆营业额开始下滑，陈诚发现自己的经营模式已经不再适应当下经济发展和消费者的需求。于是他决定关门几天，为餐馆寻找新的出路。闭店两周时间，陈诚跑到其他餐馆观摩和学习，并回来做总结，思考自己的不足，结合自己的店铺开辟了新的模式。

两周后，陈诚的餐馆再次启动，这次，他的餐馆起死回生，天天爆满。

4. 探索

创业本身就是在不断探索和摸索中前行。暂时停下脚步，你可以有更多的时间去探索更多的创新模式和策略，并进行自我挑战。

停下来，虽然暂时放缓了前进的脚步，但却是为了未来能够更好地前行与发展。所以，与其在疲惫、焦躁、盲目中缓慢前行，不如暂时停下来，调整自我的身体和心理、策略与方法，找到更好的路线，快马加鞭奔向成功。会停下来思考的人，往往走得更远。

个人形象就是最好的品牌

对于一家企业来讲，品牌是它能否取得成功的重要因素之一。品牌往往代表着一家企业的身份和形象，也是客户对一家企业的第一认知。好品牌，可以通过企业家个人形象来建立。

在我看来，创业，就是努力地让别人认识你，看好你。只有让更多的认识你、看好你，企业才能获得更多的客户。所以，我认为，作为创业者，打造个人形象与企业品牌一样重要，甚至要重于企业品牌。因为，个人形象独特、鲜明的观点和做事方法，往往让受众一眼就能认出这是你。简单来讲，就是因为你表现出来的特有的辨识度，使得你的品牌也因你而有了标签。

那么怎么让别人发现你、认识你、看好你呢？换句话说，如何经营好自己，如何打造个人形象呢？具体方法如下：

1. 成为客户眼中的专家

卖产品不如"卖自己"。很多时候，消费者了解一个活生生、有故事、有特色的人，比了解一个冷冰冰的商品更加感兴趣。所以，你创业，与其艰难地卖产品，不如先容易地"卖自己"。

所谓"卖自己",就是制造个人影响力,去影响、吸引客户,让他们对你产生信任感。那么你首先就要把自己打造成客户眼中的专家。

为什么呢?道理很简单。通常大家去医院看病,花同样的价格,你会选择普通医生还是选择专家教授看病?当然是后者。

在人们的普遍意识当中,具有专业性、有经验、有影响力的人,往往更值得信赖。

例如:罗振宇从自我价值的认知,找到年轻人群目标,以"每天清晨60秒语音"的形式进行传播,通过打造资深媒体人和传播专家的形象,最终构建起了"罗辑思维"的品牌。

2. 为自己塑造一个标签

塑造标签的目的,就是让客户在看到这个标签、这个关键词之后,第一个就会联想到你。

比如:提到"电商"这个词,人们第一个想到的就是马云;提起"百度"这个词,人们脑海中第一个想到的人就是李彦宏;说到"小米"这个词,人们联想到的第一个人就是雷军。

一旦有人能看到一个词就能第一个想到你,说明你已经通过这个标签塑造了良好的个人形象,而你的个人形象有效地提升了你的知名度。

3. 自己为品牌代言

当你已经通过标签建立起个人形象,此时你已经有了较高的知名度,如果此时你为品牌代言,可以通过你的知名度直接提升品牌知名度。

在我们的印象中,为自己的产品和品牌代言的有不少,雷军就是其中一个。小米有新品发布的时候,雷军往往会在自己的微博中晒出自己的照片,为自己的产品做宣传,收获的点赞和评论量都十分惊人。

可见,个人形象就是最好的品牌。客户可以通过对你个人形象的把控,更好地了解你的产品和你的品牌。

时刻清理自己内心的负能量

可能是与我从事的职业有关,我经常喜欢研究一些心理学问题。有一次,我看到心理学家阿尔弗雷德·阿德勒说过这样一句话:"我们的烦恼和痛苦都不是因为事情本身,而是因为我们加在这些事情上面的观念。"

的确,内心积极向上的人,即便身处困境,也能看到希望;内心消极低沉、充满负能量的人,即便前路充满商机,眼中看到的只有渺茫。

一个人能够引发体内的情绪、冲动或欲望,从而带来能量电荷。消极的情绪,能够产生负能量电荷,进而引发"有害的行为模式"。简单来讲,就是你的负能量如果扎根于你的内心,就会成为你的习惯,进而导致你产生不良的举动。这个问题的最好解决方法,就是将负能量电荷遣散。

对于创业者而言,事业发展过程中,经常会走入各种困境,再加上每天要面对堆积如山的工作、经济上的压力,会使自己心绪难平。而且随着企业的不断壮大,由此而来的压力也越来越大。随之而来的是焦躁、沮丧、情绪低落、消极等负能量充满了创业者内心。负能量越多,就越容易让人对创业失去信心。所以,创业者应当及时清理自己内心的负能量。

那么创业者应当如何清理内心的负能量呢?

1. 改变思维方式清除负能量

久居办公室的人，往往内心中会有种压抑感，再加上创业路上遇到的各种烦心事，创业者出现愤怒、沮丧、低沉的负面思想是常有的事。如果这种负能量不可避免，那么最好的方法就是改变自己的思维方式。人是唯一能够接受心理暗示的动物。通过自我对话的方式，告诉自己"我能行""我会成功""我一定能做到"，用这些积极的心理暗示，替代那些"我不能""我做不到"的消极心理暗示。在改变思维方式之后，你就会在积极心理暗示的作用下，朝着积极、乐观、向上、成功的方向发展。创业路上，真正厉害的人，都会用正向的心理暗示来引导自己一步步走向成功。

2. 利用视觉想象清除负能量

你可以想象你眼前有一个小罐子，你将你的消极、沮丧、失落、痛苦等负面情绪全部装进这个罐子里，然后被火箭送上了外太空。这就是利用视觉想象清除你内心负能量的方法。你内在想实现这种目标的欲望就会被激发，内心中就会通过这样的视觉想象画面，暗示自己在实际情况中出现相同的景象。以我对心理学方面的相关了解和认知，我认为：这种视觉想象的方法更加形象，给人以真实感，更容易被人接受，更容易帮助你清除掉内心的负能量。

3. 走进大自然消除负能量

当创业者内心充满负能量时，就好比内心中粘上了不清洁的垃圾，进而干预一个人的行为举止。你在工作过程中会沾到很多负能量的东西，有的是你自己产生的，有的是外界环境和周遭的人带来的。要想消除这些负能量，还有一个有效的办法，就是隔段时间就去亲近一下大自然。你在亲近大自然的时候，走出阴冷的办公室，一边沐浴着阳光，一边游玩，能够让你内心的每寸地方都能照射到阳光，能够在游玩的过程中使得紧绷的神经放松下来，让大自然中轻松、愉悦、正向的东西入驻你的内心，驱走你内心中的不悦、悲伤和沮丧。

除了要定时清理内心的负能量之外，我建议你最好能和那些心态积极的人才一起，这样有助于你保持正能量，并避免消极思想的影响。

无论人生路上，还是创业路上，都需要一步一步走，一点一点扔。走出来的是出路，扔掉的是包袱。这样，路就会越走越远，心就会越来越宽。

第十章

增流锁客：
利用一切可用资源突破流量瓶颈

在这个"得用户者得天下"的时代，一家企业，尤其是一家初创企业，对于流量的重要性十分重视。因为"用户数＝流量×转化率"。没有流量，即便转化率再高，也很难积累到大量用户，更难以快速引爆市场。所以，利用一切可用资源突破流量瓶颈，是每个初创者的必修课。

创业从发挥"圈子"力量开始

每个人都不可能离开社会群体而独立存活于世,每个人的一生总是生活在一定的"圈子"中,而且总希望自己能够从一个相对低的"圈子"跳到一个较高的"圈子"里。就像雄鹰的"圈子"在天空,蜜蜂的"圈子"在花园一样,你所处的"圈子",往往决定了你的未来。

对于创业者而言,同样如此。创业,本身就是对资源的一种整合。利用"圈子"的力量,进行整合的资源中,包括人力资源的整合。所以,创业者要想快速获得更多的客户,实现引流、整理,最好的方法就是通过你的"圈子",将"圈子"内的成员全部转化为自己的客户。

那么如何将"圈子"内的成员转化为自己的客户呢?现在是互联网时代,我认为,想要创业,首先需要你学会玩转社群经济。

第一步,构建社群

构建社群的目的,就是通过一定的运营技巧和策略,将社群成员转化为你的客户。而且这些客户往往具有较高的忠诚度,可以作为你的第一批基础客户。在创业初期,这批基础客户将为你迈向市场第一步打好基础。

那么具体如何构建社群呢?我在这里将构建社群的几个细节工作分享

给大家：

（1）确立目标

万事开头难。但如果能够在初期就做好规划，后边的所有步骤都按照规划进行，就会容易很多。所以，创建社群，最重要的就是确立社群目标，即明确自己构建社群的目的。

（2）选好阵地

我在这里所讲的"阵地"，其实就是社群成员的聚集平台，如微信、QQ、微博等，这些都可以作为社群组建的主阵地。这些社交平台的特点是，其本身就聚集了大量用户，是一个巨大的流量池，如果能将社交平台上的用户吸引到社群当中，就会为你的品牌引来更多的流量。

（3）制定纲要

社群本身就是一些具有相同兴趣、爱好、观点的人聚集在一起形成的群体。所以，在建立社群之初，就要确定好社群的整体纲要。这样，能够保证所有的社群成员都能朝着一致的目标和方向发展。

（4）设定门槛

社群成员不是所有人都可以加入的，鱼龙混杂，非常不利于社交群的发展和壮大。所以，设定社群门槛是非常重要的，能够对加入成员进行有效把控。

（5）吸纳成员

构建社群，重要的是需要吸纳成员。而且这些社群成员中，还需要有人扮演不同的角色，应当包括意见领袖、核心活跃成员、普通成员等。不同角色的人聚集在一起，才能将你的社群打造得更加丰满。

（6）建立文化

一个社群也是一个小团体，社群文化自然不能缺失。有文化的社群，成员之间才更加有凝聚力和向心力。

第二步，社群运营

组建好社群之后，重点还在于你如何运营。如果不去用心运营，社群成员就会随着时间的推移不断流失殆尽。

对于社群运营，我的建议是：

（1）要满足成员"三感"

要想留住社群成员，重要的是能够满足其仪式感、参与感、归属感。当新成员加入时，可以通过欢迎仪式、自我介绍等环节来提升用户的仪式感，让成员感觉到社群对自己入群的重视；在群内举办一些小游戏、小活动，吸引成员参与进来，让每位成员感受到社群团体的热情氛围；当社群成员进群满一个月、半年、一年的时候，祝贺他入群、见证他入群的每个关键时刻，这样能让社群成员有一种家的归属感，使他们更加愿意留在社群，将社群当作自己的"家"，将自己当作社群的"家人"。

（2）要有价值输出

要想保持社群成员的存留、保持成员的长久活跃度，你需要在社群中源源不断地输入有价值的内容和信息。有价值的内容和信息，才能为成员带来价值，让成员获益。同时，还要注重价值话题的设定，吸引成员主动参与话题讨论的积极性和热情。不要将社群当作你的"一言堂"。

（3）要潜移默化地引入品牌

构建社群的最终目的，就是让社群成员爱上你的品牌，成为你的忠实"粉丝"。所以，一定要在分享价值信息和互动的过程中潜移默化地引入品牌。在植入的过程中，一定要注意好玩、有用，满足这两点，吸引成员参与才会见成效。

（4）要有持续的互动

有互动才能构建强关系。加强与社群成员之间的互动，还要保证良好的持续性。不要等成员互动的热情降到最低点时才去重新激发其热情，要让这份热情时刻处于高热状态。

互动的方式有很多，如答题有奖、抢红包游戏，或者直接发放红包，并规定这些红包只能用于产品购买。这样既能强化成员与品牌之间的关系，又可为后续提升转化率做好铺垫。

第三步，社群转化

构建社群的最终目的是实现转化，以下是我总结的几种方法：

（1）刺激成员痛点

在平时互动的过程中，你就要对成员的聊天内容和语气进行关注，挖掘存在于他们内心的痛点。在进行社群转化阶段，你就要对他们的痛点加一把火，让他们的痛点变得更痛。

（2）推荐产品卖点

当成员在你的刺激下感到在某方面痛上加痛时，此时是你推荐产品卖点的最好时机。推荐的产品卖点要以能够为成员解决痛点为侧重点。这样"对症下药"，转化效果才不会差。

（3）营造很多人已买的氛围

人们总是有一种从众心理。因此，借着这种心理，你最好能营造一种产品热卖的氛围，放大从众心理，激发他们的购买积极性。

第四步，社群"洗粉"

如果你已经掌握了借助社群"圈子"力量获得"人气"的方法，那么你就可以实现客户从0到1的突破。但要想有源源不断的成员加入，要想赚得盆满钵满，还需要做好"洗粉"工作。"洗粉"的目的是让社交群重新焕发活力四射的生命力。

社群运营是一个细水长流的事情，要保证每天有新流量的注入，也需要对一些不合格的成员进行果断淘汰，这样才能保证社群时刻充满生机和活力。另外，还应当对那些不积极参与话题讨论和互动的"僵尸"成员进行淘汰，以免影响转化率。此外，还需要在互动等玩法上进行创新，让成员时刻保持一种新鲜感和好奇感，使他们能够死心塌地。

当你拥有了一批"死忠粉"之后，他们便愿意唯你马首是瞻，心甘情愿为你转介绍更多的成员和客户，为你带来更多的转化。这便是"圈子"的力量。

与有交集的人合作引流

做生意，困扰创业者最多的问题就是流量问题。这也是学员们经常和我在聊天时谈论最多的话题。我认为，创业者除了通过社群，发挥圈子的力量，还可以与有交集的人合作，通过价值互换实现引流。

俗话说："藏富于民。"你身边的每个人都是一个隐形的流量支点，只要你善于发现、善于挖掘，你可以借助这个支点撬动巨大的市场。

与你有交集的人，我在这里将其分为两类：一类是你身边的亲朋好友；另一类是与你在事业上有交集、有合作的伙伴。

1. 亲朋好友引流

虽然说亲朋好友是你至亲至近的人，你请他们帮你介绍他们身边对你的产品有需求的人，是一件比较容易的事情，他们可以给你提供帮助。但如果你能给他们一些好处，作为他们帮助你的回报，他们则会对你的需求更加上心，你的引流工作会更加容易和高效。

2. 有交集、有合作的伙伴引流

我在这里讲的"合作伙伴"并不是指你的合伙人，而是与你在业务上有交集的人。这里也可以理解为跨界合作实现引流。作为事业上的合作伙伴，合同之内的合作是相互的义务和职责，但合同之外要想达成合作，要想通过其实现引流，就需要你有所付出。

在创业过程中，与你有交集、有合作的人，包括你的投资人、你的资源共享者、你的技术分享者等，也可以是你的上游供应商、下游物流商等，甚至可以是与你并无直接关系的人。

那么如何让他们能够心甘情愿地帮助你引流呢？价值互换，是一种常用的手段。

什么是价值互换？我在这里先举个例子说明一下。

有一次，我和一位朋友去吃火锅。在结账的时候，我发现这家店的收银台上放着一盒名片，上面印的是附近一家健身中心的销售电话和微信二维码。凡是前来结账的人，都能看到这个盒子里的名片。

于是，我就好奇地问："老板，您还经营着一家健身房呢？"老板摇了摇头，说："这是帮一位开健身房的老板放的，我只做火锅生意。"说完，老板顿了顿，笑着说："我也在他那里放了一盒。"于是我又好奇地问："他是你朋友吗？"老板回答："不是，他有一次来我店里吃饭，看我这里吃饭的人不少，就和我商量着把对方名片放店里为对方做宣传，我觉着这是好事，便答应了。现在我店里生意比以前还好。"

这位火锅店老板的聪明之处就在于，他与这位健身房老板通过价值互换的方式来引流，从而实现共赢。相互在对方店里放名片引流，就是一种价值互换。

那么问题又来了。如何才能使对方愿意与你进行价值互换呢？对于这个问题，我总结了两点：

（1）深挖对方的"价值需求"

当然你要从"价值"两个字入手。所谓"价值"，就是对方认为有价值的东西，而这恰好是你能够给予的。比如，对于资源共享者而言，他们眼中有价值的东西，就是有更多的人愿意拿出更多的资源与他们共享；对于上游供应商、下游物流商而言，他们认为有价值的东西，自然是你能够给他们多介绍几个像你这样的、能够给他们产生利润的客户……

（2）找到双方共同的关联节点

有关联节点的价值，是彼此需求更甚的价值。

这里还拿上述火锅店和健身房的名片互放来说。火锅店与健身房虽然表面上看八竿子打不着，但深挖其本质，我们就可以发现二者之间是有交集点的。

一是"脂肪"。在火锅店吃饭增脂，在健身房运动减脂。很多年轻人十分注重体型的保养，往往在和朋友聚餐大快朵颐之后，就有一种"负罪感"，认为健身可以让体内增加的热量消耗掉，以保持良好的体型。然而，健身房流量有限，借助附近火锅店的流量，将其变为自己的流量。

二是"饥饿"。运动之后的人往往会有饥饿感，因此就会找地方吃饭释放饥饿感。再加上绝大多数去健身房的人都有充足的时间和金钱，甚至是健身爱好者，相互投机的人会相约吃饭，增进彼此了解和情感。火锅店的名片放在健身中心，同样可以为火锅店起到很好的引流效果。

无论是哪类人，只要他们与你有直接和间接交集，他们都与你的创业盈利息息相关，他们手中也掌握了大量的人脉和客户。如果能寻得他们的帮助，同样可以为你带来庞大的流量基础。

让客户发挥终身价值

客户对于一家企业来讲，是有贡献价值的，即客户通过消费行为和消费特征为企业创造的价值。也就是我们常说的客户价值。

作为一个创业者，你不但要学会为客户提供价值，还需要让客户发挥其终身价值为你引流和创富。那么如何才能让客户发挥其终身价值呢？简单来讲，就是平均一个客户一生或者在一定周期内可以为你创造多少利润，我们将其称之为客户终身价值。这里的"利润"并不仅仅是指客户直接变现带来的利润，还应包括其转介绍带来的新流量产生的利润。

我有一位开美容店的学员，学员开美容店已经5年了，假如每年她有100个客户，假如每个客户一年为她带来1万元的收入，100个客户就是100万，五年下来就是500万。如果她能够重视客户的终身价值，服务好这些客户，这些客户在五年里，不但可以让她赚得500万，还能主动为她介绍更多客户过来。

所以，如果客户能够最大限度地发挥其终身价值，那么就可以通过转介绍实现流量裂变，为你的生意带来更多的客户和利润。这样你的生意越做越大，创业之路越走越宽。但我相信，当前有很多人创业做生意，根本没有意识到客户终身价值的重要性和价值所在。如果你不能意识到客户具备的终身价值，那么你就不会在客户身上投资，也就不会花费成本去"买客户"，即投资客户。

你的思维限制了你的行为。如果你还认为客户与你之间的关系只是一种利益冲突关系，那么你只能把自己干到死。所以，学会利用客户的终身价值十分重要。一个明星之所以大火，就是因为有很多"粉丝"在捧他。同样，如果你创业开店，有客户才有价值，如果没有客户，你的店开得再好，产品品质再一流，也都没什么用。而客户能够成为你的忠实客户，终身都在你的店内消费，那么一年、两年……客户为你带来的价值将超乎你的想象。

那么如何才能锁定客户呢？我认为有两条渠道：

1. 优质产品

客户愿意与你达成交易，愿意为你转介绍的前提是，他本人首先享受到了好处，然后希望自己的朋友或者圈内其他朋友也同样能够收益。因为客户更加了解他们的好友需要什么。所以，你首先要为客户提供最优质的产品，让客户觉得用了你的产品就不会再用其他家的产品。

2. 优质服务

客户花钱买到优质产品，他们会认为这样的交易是等价的。但如果让他们感觉花钱不但买到了等价的产品，还享受到了超预期的服务待遇，这会让他们内心惊喜万分，觉得在你这里消费很值。这样，你同样可以锁住客户，客户日后只愿意来你这里消费，享受独一无二的服务体验。

优质产品和优质服务，是最简单，也是最能从内心深处激发客户产生消费行为的方法，更是最容易锁住客户，诱发其主动为你转介绍的主要原因。

洞察人性，打造私域流量

如今，流量越来越贵。我曾在网上看过一组数据，数据显示，即便是大型传统电商平台的获客成本目前已经超过300元/人。再加上绝大多数流量都聚集在那些大企业、大平台上。这对于资金短缺、资源不足的初创企业来讲，获客，尤其是获取高质量客户成了重点难题。更不用说能够在公平的条件下与巨头博弈，掌握主动权。

那么这就意味着初创企业什么都不做？或者永远难以尝到流量红利的甜头吗？其实不然。

初创企业要想创收，也需要强大的客户基础做支撑。所以，即便当前流量红利逐渐消失，即便大规模流量掌握在大企业受众，也依然要将客户放在首位，要专注于打造属于自己的流量池，否则你的企业将没有一点存活的机会。所以，我建议你可以将私域流量作为你获取流量的入手点。

私域流量是相对于公域流量而言的。所谓"公域流量"就是像淘宝、京东、微博、抖音、快手这些大平台上聚集的流量，属于平台的、无差别的、可控的、面向全部用户的一次性流量，即公域流量。所谓"私域流量"即个人或者品牌所有的、可以自由控制的、免费的、直接面向用户、可多次重复利用的流量，即为私域流量，像微信号、微信群、微信小程序或App上聚集的用户，就是私域流量。

当前，已经有很多中小微企业认识到自己要想在激烈的市场竞争中存活，并能在被大企业分食后的狭小市场里争得一席之地，就需要构建私域流量。因为他们对于私域流量池中聚集的用户更加知根知底，所以在制定营销方案的时候，就更能做到有的放矢，能有效保证营销方案的针对性和可控性。

甚至我发现绝大多数小区门口的超市、外卖商家，也都已经开始利用扫描二维码加好友领红包的方式来添加客户，然后建立微信群，将线下客源转化为自己的私域流量。

1. 打造私域流量

既然私域流量能够为中小微企业，甚至是初创企业带来源源不断的红利，那么该如何打造私域流量呢？

搭建私域流量，需要从公域流量河流中引流，将公域流量的"粉丝"吸引到私域流量池中，为进一步实现锁粉和变现打基础。

那么种子用户从何而来呢？我认为可以来自以下几种渠道：

（1）腾讯平台引流

腾讯上聚集着大量用户，这里是最佳的引流渠道。

①QQ群

通过在搜索栏中输入关键词，寻找属相相匹配的用户群。在群里，你可以将自己打造成为专家人设，回答群成员问题，通过互动讨论等方式提升自己的活跃度，引起群内好友的关注，最终将群好友引流到自己的私域流量池中。

②微信群

可以将微信上的目标用户聚集起来，并将其拉入微信群，并说明这个微信群的属性。通过和在群内微信好友聊天、互动、干货分享的方式可以很好地锁住群成员。而这个微信社群就是你的私域流量池。

（2）头条系平台引流

①今日头条

很多人喜欢在今日头条上发文章，这样不仅能够吸引"粉丝"，还能在今日头条上直接获取收益。今日头条的引流路径，就是通过在文末留言，让"粉丝"私信自己，从而实现引流，获得私域流量。

②抖音号

抖音号的简介部分可以实现引流，因为在简介部分可以展示自己的微信号。如果用户对你的短视频内容感兴趣，就会主动加你微信，这样同样可以将其引入到你的私域流量池中。

（3）裂变引流

①公众号裂变

在企业海报底部设置二维码，用户扫描二维码，可以关注公众号。用户邀请一定数量的好友助力，可以领取相应奖励。

②社群裂变

同样是用户通过扫描海报二维码进群，用社群公告告知用户将海报发送至朋友圈，一定数量的好友助力成功，即可领取奖励。

无论何种形式的裂变，奖励作为一种诱饵，在选择时十分关键。我认为要在了解目标用户的需求和洞察人性的基础上进行。我总结了三类可以使用的诱饵：

■实用性诱饵

实用性的东西，绝大多数人都会喜欢，像书、手机壳等。

■高价值诱饵

面对高价值诱饵，很少有人会有抵抗力。但高价值诱饵，虽然吸引流量的能力强，但与此同时用户获取的成本也较高。如果你没有一个良好的品牌背书，用户是不太容易相信的。因此，这种高价值诱饵，对于初创者和中小微企业来讲，我并不建议使用。

■虚拟诱饵

虚拟诱饵其实也十分好理解，像网上培训课程、免费会员等，都属于虚拟诱饵。虚拟诱饵往往获客成本较低，引流能力较强。综合来看，我还是十分推崇这种方式的。

掌握以上几种方法，能够帮助你长效引流增流，而且这些都是一个企业家应该掌握的标配手段。

2. 私域流量运营

私域流量的核心点在于运营,做好运营工作才能拉近品牌与消费者之间的距离,最终达到你想要的转化目标。

在我看来,私域流量的运营也并没有想象中那么难。关键还是需要洞察人性,从人性出发。

(1)利益

早在2000多年前,司马迁就已经知道"天下熙熙,皆为利来;天下攘攘,皆为利往"的道理。说的就是天下人往往为了利益蜂拥而至,为了利益各奔东西。所以,可以给你的客户一点小小的利益,驱使他们主动添加你的个人微信号。

现在,有很多商家就在给买家寄出快递的时候,随着商品会附赠一张小卡片,直接引导消费和添加微信好友,领取现金红包。这就是一种非常典型的利益驱动。

但是利益驱动,只能起到抛砖引玉的效果。正所谓"打江山容易,坐江山难"。重点还在于你如何留住吸引而来的私域流量。答案就是服务。如购买后的运输服务、安装服务,甚至是你在朋友圈发布的真皮沙发保养方法,这些对于消费者来说,都是难能可贵的有价值的东西,能够有效提升消费者对品牌的好感度。

(2)信任

信任对于很多企业来讲,是消费者产生交易的核心。让用户愿意心甘情愿地掏出真金白银去消费,并主动为你拉新,那么你首先就需要在消费者和品牌之间建立信任关系。

总之,私域流量的土壤十分肥沃,对于初创者来讲,关键是你要在这里播撒什么样的种子,怎样去精心耕耘它。

第十一章

产品运营：因用户需求而生

产品的最终归宿就是用户。可以说，每件产品的创新、设计、制作等，都是为了满足用户需求。简单来说，就是产品因用户需求而生。因此，你在做产品运营的时候，也一定要使产品的创新、设计、制作以用户需求为中心进行。这样，你的产品才更能深得用户的心。

挖掘隐藏在用户内心深处的需求来打造竞品

有人说只要是能满足用户需求的产品，就是具有市场前景的产品。但我却不完全认同。

很多时候，我们自以为打造的产品已经满足了用户需求。其实我们根本没有去探究用户需求背后的东西，所以导致做出来的东西表面上看似乎满足了其需求，但产品并没有真正走进其内心。究竟是为什么呢？问题出在了哪里？我们先看一个例子：

在100多年前，如果有人问这样一个问题："您需要一个什么样的交通工具？"我相信，几乎所有人的回答都是："我要一匹更快的马。"因为当时马是最普遍的交通工具。所以，听到答案的所有人立刻跑去马上去培育优良的马匹，以满足客户的需求。但有一位叫作亨利·福特的人，他却没有立刻跑向马场，而是选择制造汽车去满足客户的需求。最后他创办了福特汽车公司。

我们能从这个例子中看出，绝大多数人忙着去培育优良马匹，美其名曰"满足了用户需求"。相反，他们只是阅读了用户的表面需求，并没有洞察到用户的真实需求，真正能够满足他们真实需求的是交通工具要"快"。与快的马匹相比，汽车的速度则更快，汽车则更是他们心之所向的产品。

那么如何才能深挖潜藏在用户内心深处的需求打造竞品呢？我认为，最好的方法就是以下两点：

1. 用心听，但不要照做

产品满足用户需求，是你打造产品的第一原则，所以你的产品必须围绕用户需求来打造。但在我看来，用户经常提出来的需求，是站在其自身角度上对产品功能的一种期望。如果想要真正将这种期望变为产品需求，并不是直接将用户口中的需求融入产品功能中即可。而是需要从用户提出的需求出发，深挖用户内心真正的目标，了解其需求的内心驱动是什么，并将其转化为产品需求。这样打造出来的产品，才是能够真正满足用户需求的产品。这样，用户才会觉得自己都没有想到的问题被你想到了，并且被你很好地解决了，就会对你产生正向情感，甚至主动帮你传播。

2. 深入挖掘人性设计产品

很多时候，一个有创意、抢手的产品，真正的启发往往来自人心。而人性就恰好是将用户需求转化为产品需求的纽带。以我多年来的经验，用户产生的需求，归根到底，是因其欲望产生的。

心理学家马斯洛所著的《人的动机理论》中，重点强调了人类需求的五大来源：生理需求、安全需求、社交需求、尊重需求、自我实现需求。所以，我认为，深挖人性设计的产品才能更加贴合用户的心理。具体方法如下：

（1）满足用户生理需求的产品

人类最基本的生理需求就是衣食住行，这些都是用户的刚需，而刚需的东西是人们每天都离不开的，因此蕴含着巨大的市场潜力。这也是每个企业和巨头抢占的重点。所以，打造产品时，首先要考虑的就是刚需问题。

（2）产品设计简单、简洁

无论是产品外观，还是产品包装，都要以简单、简洁为主，让用户在使用产品时拥有轻松感、安全感。

（3）产品要自带社交属性

每个人都是社会中的一分子，人与人之间交往，就使得每个人具有了社交属性。尤其在当前社交媒体平台大爆发的时代，人与人之间借助社交媒体平台交流和沟通得越来越频繁，而且通过社交媒体平台实现信息在人与人之间的传播。所以，你的产品需要带点社交属性，这样，一方面有利于你的产品在人们分享和转发的过程中增加曝光机会；另一方面，通过人际传播，有利于提升产品的影响力。

（4）满足用户被尊重的需求

如今的消费主力军是年轻人群，他们往往注重张扬自我的个性化、喜欢在朋友圈炫耀，彰显自己的身份与品位，又喜欢通过分享的方式让别人关注到自己。这是人性中对于尊重的需求。

我在这里举个例子。喝咖啡在家里就可以，但很多人却喜欢去星巴克。因为那里环境高雅、清幽，又给人一种"高大上"的感觉。所以，很多年轻人喜欢去星巴克，并拍照发朋友圈炫耀一下。他们在星巴克喝的不是咖啡，而是一种格调和品位。

那些高级奢侈品能让用户获得某种消费体验感，但对于绝大多数年轻人而言，高级奢侈品的价格高昂，往往令人望洋兴叹。相比之下，那些轻奢类产品的价格绝大多数人都能接受，而且在具有较高品质的同时，还有较好的知名度。所以，你应当打造一些轻奢类产品，以满足用户炫耀的需求。

（5）打造能帮助用户实现自我价值的产品

能够打造出帮助用户实现自我价值的产品，这是产品的最高境界。这样的产品更受用户青睐，更具市场前景，能够在市场中秒杀一切竞品。

在当前这个"大众创业、万众创新"的时代，企业和产品层出不穷，但关键是你的产品要想有价值，要想在市场中占据一席之地，往往不取决于产品自身有什么，而是取决于你的产品能够给用户提供什么。

产品源于用户需求，高于用户需求

任何产品都是为消费者服务的，所以任何产品都是以满足用户需求为导向。这一点毋庸置疑。你只有在深刻把握用户需求的基础上打造产品，才能赢得产品销量的持续增长，你的企业才会有更好的发展前景。

曾经有个学员问我："我的产品非常好。而且我敢保证，我的产品在这点、那点上，都能够满足用户的需求。最让我苦恼的是，用户为什么不能理解我的产品好在哪里呢？请您指导我一下，我如何才能让用户真正认可我的产品是最好的？"

相信这位学员的问题，也是绝大多数创业者在创业路上遇到的问题。但我要着重强调的一点是：满足用户需求的产品，很多企业都会做。如果你想让你的产品成为最好的产品，想让你的产品能够更好地吸引用户，关键还需要你能够打造出一种你的产品不但很有用，而且很值的感觉。

那么什么样的产品才能让用户感觉不但很有用，而且很值呢？我认为，你先要多问问自己这些问题：

■哪些人需要我们的产品和服务？
■他们用我们的产品和服务干什么？
■我们的产品和服务是否足够的好？
■他们是否可以接受产品和服务的价格？

如果这些问题你都有了明确、肯定的答案，那么接下来你的任务就是打造出超过现有产品品质的新品，或者说打造出超过现有用户需求的产品。简言之，就是你打造产品要源于用户需求，但又要高于用户需求。

因为，在我看来，你给用户所提供的产品，如果只能满足用于需求，那么用户会认为他花钱购买的是等价的产品。但如果你打造的产品超过用户的心理预期，就会觉得花钱买你的产品真的很值。因此，只要超出了用户的预期，就能让用户都可以变成公司品牌以及产品的最好传播者。

至于超预期，我认为有两点是必须要做的：

1. 打造超预期产品

同样的用户需求，不同的人总是能从不同的切入点找到不同的解决方案。关键是能够从用户需求的更深层次进行挖掘，找到那个不但能够满足他们需求还能为他们带来惊喜的点。如果直接将用户需求当作产品需求来做，即便能满足用户的日常需求，但始终不能给用户带来超预期的产品，不能让用户为你独具一格的产品而尖叫。

2. 能够抵消掉用户因转移产品产生的成本

这一点如何理解呢？我通过以下案例来进一步解释这一点。

假设一位用户之前一直都在使用产品A，你能打造出超用户预期的产品，那么用户就会心甘情愿地将目光和交易行为转移到你的产品B上面。超预期产品不仅仅比原来的产品好，而且是好的程度能够抵消掉用户因转移产品而产生的成本。我把超预期给用户带来的愉悦感和实际的好处（用户购买产品的成本、效率）标记为X，把用户转移产品的心理成本（对新产品的陌生感、尚未建立的信任感）标记为Y1，把用户转移产品所花费的实际成本（包括新产品注册花费的时间、重新填写资料花费的时间、原有会员积分的损失等）标记为Y2。那么，你就必须保证X>Y1+Y2。这样，你的产品才能真正让用户满意。

总而言之，要始终铭记，你在做产品设计时，不是为了公司、不是为了自己，而是为了用户。只有产品超越用户预期，为用户创造真正的价值，用户才会主动来找你，心甘情愿地购买你的产品。这样，你的产品才能"长青"。

用产品差异化快速占领用户心智

如今，每个行业的市场中，同类产品的数量繁多。但也正是因为这一点，使得市场中的产品失去了竞争机会。那些品质、功能、材质等如出一辙的产品，根本没有丝毫竞争力，无法赢得用户的青睐，自然更难以在市场中立足。

我认为，打造产品差异化，才是最好的破解之道。

市场更迭速度之快，让人难以想象。消费者的各种需求每天被各种产品满足的同时，有的老牌产品在这场厮杀中依旧强势，也有一些后起之秀收割着一批批消费者。无论是老牌军，还是新兵，我相信，没有谁敢拍着胸脯保证自己的产品可以满足所有消费者的需求。我提倡产品差异化，就是为了更加精准地打入目标市场，并增加用户的忠诚度。

产品差异化，其实对于初创企业而言，对其新品进入市场、快速占领用户心智所起到的作用不言而喻。对于如何打造产品差异化问题，以下是我的一些思路：

1. 产品差异化的基本思路

任何事情，思路先行，执行随后。所以，打造产品差异化，首先要有明确的差异化思路。我总结了一个"四步走"方针：人无我有、人有我精、人精我新、人新我变。

即你的新品准备推出市场前，一定要保证你的产品在市场中绝无仅有；当你发现你想要打造的产品在市场中已经有人占据了一席之地，那么你就需要将你的产品打造成精品，这样才能把握市场；当你发现别人的产品已经在市场形成了无法取代的地位，此时你要做的就是在现有的产品基础上进行创新；当你发现别人已经在市场中推出了新品，此时你需要改变产品策略，将产品打造成多元化产品。

当前，火锅店铺繁多、派系林立。当火锅行业在口味上无法进一步体现差异化的时候，海底捞则通过服务迅速登上火锅界"老大"的位置。随着火锅行业对服务的重视程度逐渐提升，海底捞在保持原有特色和服务的基础上，在彩色和搭配上进行创新。如油面筋酿鸡蛋（食材：一盘油面筋，一个鸡蛋。做法：用筷子在油面筋上戳一个洞，将鸡蛋打散后，顺着这个洞将鸡蛋液倒进油面筋当中；之后再将整个油面筋下锅煮，等到油面筋漂起来的时候就煮熟了。此时，油面筋充分吸收了锅里的汤汁，看起来非常入味，吃起来口感细腻，就像是油面筋里包裹了一份炖蛋。口味非常鲜嫩爽口）、牛肉粒番茄拌饭（食材：一碗米饭。做法：在米饭上撒上小料台上的五香牛肉粒，加上自己喜欢吃的各种小菜，如葱花、香菜等，最后再淋上一勺番茄锅底汤，这样一碗鲜香的牛肉粒拌饭就做好了）……这些创新吃法在以往的海底捞菜单中从未有过,但却能让人在自己DIY美食的过程中充满成就感,让用户疯狂模仿,并且点燃了用户的头脑风暴,激发他们直接去海底捞进行吃法创新。

这一吃法被一位用户上传到抖音平台后,吸引了很多用户前来围观。这种创新吃法,既简单易操作,又有新奇感,吸引众多用户模仿跟拍。显然,每一次模仿跟拍,都是在为海底捞做一次免费的宣传,海底捞的效益提升也是肉眼可见的。

2. 产品差异化框架的搭建

在明确产品差异化思路之后,接下来就是对产品差异化的框架进行搭建。我将这个框架分为三个部分:产品主体、产品包装、产品延伸。

(1)产品主体

产品主体即产品本身。产品本身的差异化,可以通过材质、外形、触感、味觉等多方面进行设定。总之,产品主体的差异化,就是要对产品本身做文章。

(2)产品包装

产品包装是产品本身之外的、承载产品的东西。产品包装的差异化,对产品销量的影响不容小觑。随着消费者消费水平的提升,越来越多的人更加重视包装的重要性。因为,包装是否精美,代表的是个人的品位和格调。很多时候,消费者是为包装买单。

(3)产品延伸

所谓产品延伸,是指产品以外的功能或服务,即周边产品。产品功能、服务差异化,可以为产品带来价值。这样在消费者购买产品时,就会因为你额外的附加值而购买。

如一台全自动洗衣机,在向消费者推销的过程中,告知他们可以提供送货上门服务，并亲自帮助安装、调试，还为全自动洗衣机提供保险服务，别人三年内免费维修，而你是终身免费维修，并且还多了一项以旧换新的服务。这样，毫无疑问，消费者一定会选择你的产品。

3. 产品差异化实施策略

（1）产品卖点差异化

产品卖点差异化，即通过新技术打造全新的产品卖点，给消费者一种新感觉。

例如，农夫山泉的产品差异化特点，体现之处有很多：如"我们不生产水，我们只是大自然的搬运工。"旨在告诉消费者：农夫山泉是健康的天然水，不是生产加工出来的，也不是后续经过添加人工矿物质生产出来的。差异化策略让农夫山泉和竞争对手拉开了距离。

前几年，随着小茗同学、海之言的出现，农夫山泉又一次通过产品卖点的创新，实现产品差异化，所以上市了一款用东方树叶的茶叶泡制的茶饮，并主打零卡路里，被称为"健康水"。

此外，农夫山泉还以茶叶原料搭配果汁制造成"茶π"饮料，口感清爽独特，充满回味。同时，"π"作为无限不循环小数，代表的是无限不循环的青春，因此吸引了很多年轻、充满活力的青年人的喜爱。

正是因为这样的差异化卖点，使得农夫山泉又一次在市场竞争中赢了一局。

（2）产品包装差异化

产品包装是否精美、有特色，直接影响着消费者的关注度，间接影响着产品的销量。所以，产品包装差异化的重要性也不能忽视。包装设计精美、有创意，则能为产品的"卖相"加分不少。这里我还以农夫山泉为例。

农夫山泉的高水平设计在国内首屈一指，受到了不少人的赞美。其包装通过"颜值高"来突出产品的差异化特点。

农夫山泉学生水的瓶身设计，内容中展现了长白山在一年四季当中不同的景象，整体给人一种充满了自然风情与童真的感觉，所以将这种充满童真的水归类为学生水。

而农夫山泉婴儿水，则在外观设计上更加标新立异。婴儿水瓶身上的楞线针对父母手大小的不同，将瓶身分割为两个部分，比较窄的部分是专供妈妈使用，而比较宽的部分则是专为爸爸设计。这两种不同的瓶身分割完全强调了用户体验，从人机工程学角度而构思，更多地强调了人性化设计。

农夫山泉高端水更是追求瓶身设计的精美。该款瓶身设计完全体现出一种生态文化理念，让自然元素栩栩如生地呈现在消费者面前，是一种对大自然的回归。另外，瓶身塑造成一种水滴的形态，曲线优美流畅，彰显了一种高大上的气质。

农夫山泉通过包装的差异化赢得了市场，同时也因为更加注重实用性的包装设计，而成为行业内的爆款，深受消费者的青睐。

总而言之，产品的差异化，能够为产品注入新鲜血液，能够帮助你的企业在市场发展中构建无数的可能。做好产品差异化，吸引用户不再是难事。

打造爆品，抢占市场制高点

很多学员问过我这样一个问题："为什么我的产品种类有很多，但就是没有一款在市场中卖得好？"我想说的是，产品卖得好坏，与你的产品种类多少毫无关系。

谁都想让自己的产品成为市场中最受欢迎、最流行的那一款。我见过很多产品，无论是产品内容还是产品功能、品质方面都不错，但产品就是无人问津，难以在市场中大面积铺开。后来，我专门去市场做过调查和研究，事实证明：如果你有一款产品能在大范围内传播，并能引发人们的热议，最终形成良好的传播效应，那么你的产品以及你的企业，在市场中的发展前景将是一片光明。而这款产品就是人们口中常说的"爆款"。

那么爆款产品是如何打造出来的呢？在我看来，打造产品容易，将产品打造成为爆款，是需要你花心思去好好运营的。我做过很多研究，发现那些爆款产品背后有很多经验和方法是值得每个创业者学习的。

1. 使产品具备社交属性，实现快速传播

这一点在前面已经讲过，这里再重点强调一遍。你的产品要想快速、大范围传播，社交属性是必备的。只有当用户愿意对你的产品品头论足、愿意分享时，才能形成规模效应。

2. 利用外部环境激发用户使用欲望

很多时候，人产生的行为是受其所在环境的影响，而且是在无意识的情况下产生的。作为创业者，你就需要具备捕捉影响人们行为环境的能力，并能够将其妥善利用，引导用户产生购买行为。

你有没有想过：为什么每次举办世界杯的时候，啤酒的销量会大增？并不是人们在看世界杯的时候突然要去购买大量啤酒，而是因为在这个时候，人们往往会在无意识的情况下被这种气氛所影响，所以去购买啤酒。

再比如：母亲节时，康乃馨的销量猛增；情人节时，玫瑰和巧克力销量大增……

这些都是特定环境下人们产生的购买行为。只要你善于发现，找到你的产品与特定环境的交集点，并勤加利用，你的产品就可以快速成为市场中的爆款。

3. 利用品牌联合的威力，征服用户心理

在你的产品成为爆款之前，你应当首先学会借助知名品牌或名人的影响力来为你的产品做推荐。这样可以为你的产品缔结美誉度和提升曝光度，并收到意想不到的效果。对于初创企业来讲，你所打造的一款新品，如果能有知名品牌或名人的推荐，无疑可以帮助消费者消除心里的疑虑。

纽特威产品在刚起步的时候，想让用户相信产品使用之后不会有余味，而且十分安全。"没有余味"是很容易在用户当中证明的，只要品尝一下便可让客户认可，但要力证"十分安全"这一点是有一定困难的。纽特威产品是否安全的这种品质特征只有经过长期使用之后才能得出结论。然而，当司口可乐、百事可乐以及其他品牌推出含有纽特威低糖产品时，就在无形中对纽特威产品的安全性做了一个很好的证明。自此"纽特威是糖安全替代品"也在市场中盛传开来。

4. 用故事潜移默化地将产品植入消费者心智

与那些生硬的广告相比，以生动、感人的故事形式融入产品广告，则更能被人们接受和口口相传。

这里，我依旧举农夫山泉的例子。农夫山泉有一组广告，讲述的是员工为了取得优质水源，经常跋山涉水，需要走到十分偏远的地方。而且他做这样的工作不辞辛苦、常年坚持。这样的故事很容易让消费者记住，并会不自觉地去传播。因此，农夫山泉因为这个生动、感人的故事而多了一层情怀，使得冰冷冷的水也有了温度。

5. 拓展产品的可讨论空间

我在这里讲的"可讨论空间"，实际上就是指产品的话题性必须要足够大。这样，人们才会有更多的讨论点，在讨论和分享的过程中，达到产品宣传的效果，有助于将你的产品一步步推向爆款的宝座。

其实，要想让你的产品成为爆款，也并没有你想象的那么难。如果能做好以上五点，就相当于点燃了引爆的导火索，使你的产品加速在市场中"一爆而红"。

精准场景定位是产品存活的关键

创业者，要想打造出一个好产品，要考虑的方面有很多，但注重产品的使用场景至关重要。没有切切实实使用场景的产品，始终只是纯粹的产品，不会被赋予更多情怀和共鸣，这样的产品难以在竞争如此激烈的市场中存活。

要知道，场景代表了需求和流量，有使用场景，才能更好地体现出产品的用途和商业价值。否则你的产品就成了无源之水、无本之木。

什么样的使用场景更加适合产品营销呢？我认为可以从以下几方面

入手：

1. 以产品特点挖掘场景

对于一家初创企业来讲，企业的发展离不开产品。好的产品策略，就是能够从产品本身入手，寻找其与众不同的特点，挖掘其可以适用的场景，找到给顾客带来的价值。这样，消费者才能真正发现你的产品是值得购买的好产品。

红牛是一款运动功能型饮料。在产品问世之初，主要面向的消费者是运动员和喜欢运动的人。因为其含有维生素和咖啡因，因此具有提神和补充能量的作用。于是，为了扩大市场，红牛根据其提神好补充能量的特点，就打造了非运动的产品使用场景：困了累了喝红牛。如今，人们工作压力逐渐增大，加班熬夜是常有的事，这时候来一罐红牛，就可以提神醒脑，让工作变得更加高效。这就是红牛借助自身特点打造的使用场景，并通过这个场景将其特点充分地表现出来。

2. 构建有温度的场景

所谓"有温度的场景"，自然是那些我们生活中真实发生的场景。在这样的场景中，才让人更有真实感、更能获得情感上的共鸣。只有这样的场景，才能激发用户内心的感知，引发其内心的需求，进而产生购买产品的急切欲望。

比如你经营的是床上用品，你隔壁老板经营的是家居产品，如果你将一套套床上用品摆在货架上，顾客选购时，看到的只是一套套冰冷的产品，这样是很难激起其购买欲望的。同样，隔壁家居产品也一排排摆放在那里，不但无法展示每件家居产品的独特之处，还给顾客一种压抑感，顾客自然是不会选择购买的。

但如果你能够与隔壁的老板合作，共同开辟出一个空间，打造出一个温馨的家的样子：中间摆着这一张床，床上铺着十分温馨的四件套，床头柜摆放着漂亮的鲜花，靠墙摆放着非常有格调的衣柜、书架等，整体上给人一种浑然天成的感觉。顾客看到这样温馨、有格调的室内装饰风格，自然觉得自己也想拥有这样一个精心布置的"暖窝"。想拥有，便会想着如何拥有，接下来产生购买行为也就是水到渠成的事情。

可见，场景在产品销售过程中能起到举足轻重的作用，让一件件冷冰冰的产品都开始变得有情感、有温度。

3. 打造产品时刻沉浸的场景

打造产品的使用场景，其实是在为产品赋能，使得产品具有更高的曝光度。将产品使用的全过程都沉浸在使用场景中，这也是一种为产品赋能的方式。

有一次，我和朋友去西贝莜面村吃饭，我发现一个惊人的产品营销策略：一款新菜品——蒙古牛大骨，从顾客点菜再到最后吃完，它都能让顾客沉浸在这道菜的场景中。

那天，我们一进店，就发现店内到处挂着牛大骨的广告，而且店里的电视机也在循环播放着牛大骨的制作，加上一位壮汉手里端着牛大骨，给人营造出了一种大口吃肉很"爽"的感觉。当我们落座后，服务员在推荐菜品时自然也首推他们的新品，这样顾客耳濡目染间，就会情不自禁地点了这道牛大骨。菜品上桌时是冒着热气的，整个店内肉香扑鼻，瞬间打开人的味蕾。在这样的场景下，其他顾客自然也会想要来一份，享受一下这样的美味。

西贝莜面村时刻在为其产品营造一种让人看了就想吃的场景，使得牛大骨能够成为整个店中最叫座菜品，这就是使用场景的重要之处。

要想让你打造出来的新品不会过早被市场淘汰，并能收获销售奇迹，最好的办法就是打造一个好的产品使用场景。通过使用场景，旁敲侧击，使得产品真正走进用户心里，这样你的产品才会有存在的必要以及存活的可能。用简单一句话来说就是"无场景，不产品"。

第十二章

营销模式：
创新盈利模式带来更大利润空间

任何一家企业，如果不开展营销活动，就难以实现销售转化。营销的本质就是将产品价值更好地展现在消费者面前，通过一定的手段和方法，引导消费者的购买行为。如果能做好营销、创新营销模式，你的企业将会获得更大的利润空间。

错位营销，避开竞争锋芒取得突破

很多创业者问我，现在不知道该如何做营销了，即便自己使出了浑身解数，但收益始终不如己所愿，不仅没有达到预期效果，甚至还使得整个公司走入了困境。

其实，开展营销活动的目的，就是在竞争中能够脱颖而出。然而你作为初创者、作为市场中的"后来者"，想要能够在市场中脱颖而出，如果走别人走过的老路，你只是个模仿者，永远难以超越你模仿的对象。错位营销则是一个有效的破解之道。

所谓"错位营销"，通俗地讲，就是"不做别人做的，只做别人不做的"。错位营销就是通过独树一帜的竞争理念和竞争策略帮助企业拓宽自己的市场。换句话说，就是要避开竞争锋芒，取得突破。

那么如何才能避开竞争锋芒呢？答案就是独辟蹊径，进行创新。

市场竞争犹如千军万马过独木桥，大家都想成功到达对岸，但真正能成功的极少。为什么要走别人走的路呢？很多创业者失败，是因为他们没有创新市场的胆魄，甚至已经预见了商机，却没有抓住机会。等别人蜂拥而上的时候，僧多粥少，即便你争得头破血流，你作为后来者，也只能得到一点点，甚至一无所获。

这个世界上最缺乏的是能够发现商机的眼光。如果你能够避开锋芒，另辟蹊径，那么你成功占领全新市场的概率会更大。而且在一段时间内，你在这个新的市场领域就是"老大"，只有别人模仿你的份儿。

那么如何做好错位营销呢？我个人认为需要做好以下几方面：

1. 产品错位

产品错位，就是让处于不同消费层次、有不同消费习惯的消费者，能够获得最适宜的、最能满足其需求的产品。

在坚果领域，有我们熟知的三只松鼠、良品铺子，这两大品牌已经将坚果天下一分为二，分食了坚果市场这块大蛋糕。但每日坚果作为一个"后来者"，要想在坚果市场中站住脚跟，就必须利用错位营销，寻找创新和突破。于是，每日坚果将所有的坚果混合起来，科学配比，用六种美味坚果为人体提供每天需要补充的各种营养，一步到位。

每日坚果采用的就是错位营销方式。它就是在现有市场的基础上进行创新，尽可能地实现与竞争对手的错位。

2. 服务错位

除了做好产品错位，服务错位也是一个重要方向。错位服务，往往能够给客户带来心理上的满足感，因此通过为其提供异于其他客户的服务，可以帮助客户获得不一样的感知和体验，进而提升其体验满意度。

例如，同样是做服务行业的，但绝大多数人做服务都只停留在人工的礼仪服务上。所以，你可以从其他方面入手，打造错位服务。如可以推行技能服务、智能机器人服务等。

3. 档次错位

如今，随着生活水平的不断提升，消费者花钱消费，更加注重的是彰显自身档次的产品、产品消费场景等。

例如，同样是北京的大型商场，王府井百货凸显的则是厚重的风格；大悦城更多体现的是文艺风格；绿地缤纷城展现的则是时尚风格……

4. 价值错位

竞争战略之父迈克尔·波特这样说过："一家企业不是简单地给出一个低价，如果能向买家提供有价值的独特性，那么它就和竞争对手形成了错位。一旦你的错位努力能为你的产品和服务带来更高的售价，那么你就拥有一个差异化竞争优势了。"波特的这番话意味深长地道出了价值错位在塑造爆款竞争力过程中的重要性。

举个简单的例子。同样是做女包生意，绝大多数商家为消费者送运费险。如果你在产品描述中明确告知买家"买女包送手拿包"。这样通过赠送手拿包这样的附加价值，相比送运费险而言，在消费者眼里则更具实用性，因此可以很好地吸引客户，能有效提升产品销量。

当然，在打造价值错位的时候，特别需要注意的是你所提出的价值要完全符合当前客户购买产品时潜意识中对产品价值的期望。简单来讲，就是需要吻合客户的价值需求。能够满足甚至超出客户价值需求的产品才更容易吸引客户，你的产品才能更好地赢得市场。

解决方案式营销，帮顾客解决问题

不少学员抱怨，自己的产品这么好，已经在创新方面做了很多完善和改进工作，甚至目前市场中还没有出现与其产品可以相提并论的竞品，但为什么客户就是不关注自己的产品，对产品不感兴趣呢？

那么我要问一句："客户什么时候愿意将自己辛苦挣的钱拿出来，购买你的产品？"有位学员的回答是："因为我的产品好。"还有的回答："因为我的产品能够帮他们赚钱或者省钱。"这两个答案都对，但也都不全对。

原美国通用电气公司的首席执行官杰克·韦尔奇说过这样一句话："我们发现一个不争的事实：如果我们所做的一切是使客户更加成功，不可避免的结果就是我们财务上的回报。"这句读起来看似拗口，但用更加直白的话来表述，就是对于客户而言，你对我有帮助，我才会帮你赚钱。所以，作为创业者，你必须有效诊断客户的问题和需求，然后再为其提供有针对性的产品或服务，帮助客户解决让其感到痛苦、困惑、棘手的问题。这就是解决方案营销模式。

解决方案营销模式下，你与客户之间，已经不再是以往的那种纯粹的买卖关系，而是搭建解决方案平台，发现客户的真实需求，为其定制一系列的应用方案，为客户创造价值。

如何才能帮助客户解决问题，为其创造价值呢？

1. 解决客户的痛点问题

什么是"痛点"？痛点就是指还没有得到满足，而又被广泛渴望的需求，而这些需求往往使用户感到难受、憋屈。

那么如何挖掘客户的痛点呢？我们先想象一下这样的场景：

过年朋友聚会频繁，而冬天吃火锅则是聚会的最佳选择。但有的人吃完火锅怕上火。这时候，服务员送上一罐加多宝凉茶，能够达到降火的作用，难道你会拒绝来一罐吗？

所以，我认为，痛点其实就是一个字"怕"。而这也正是你挖掘客户痛点的入手点。所谓抓痛点，其实就是抓住人类最底层的情绪。如果你找到了客户的痛点，那么就可以对症下药，为其"镇痛"。

2. 解决客户的痒点问题

痛点是必须及时解决的问题，而痒点则不一定必须解决。痒点更多的是消费者的潜在需求，更多的是一种深层次的欲望的满足。正如之前我讲抖音和快手区别时所说：其实快手就像是一个平面镜，记录的是最真实的自己；而抖音则更像一个哈哈镜，帮你塑造你心中最想看到的理想中的自己。而这种理想中的自我，其实就是一种欲望的满足。

抓住客户的痒点，让用户快速了解你的产品，使用户心理产生浓厚的兴趣，一听说或一看到你的产品就心里痒痒，急切想要购买你的产品，让自己成为理想中最好的自己。

万科房地产有这样一则广告语："万科城市花园，给你一个五星级的家。"普通住宅可以居住，五星级的住宅也可以，而且能够满足人们对于追求品位的欲望。

3. 解决客户的价值问题

对于客户来讲，什么才是有价值的东西呢？价值，在大多数人眼中，就是好的东西。对于客户来讲，我认为是其有需求的、有用的、有兴趣的东西。

比如，时间，为客户节省时间，对客户来讲就是有用的，这也是客户要求的；金钱，为客户省钱，是客户感兴趣的，同时也是对客户有用的；参与，是客户感兴趣的，同时也能满足其对有用的需求。

既然已经知道客户眼中什么才是有价值的东西，那么接下来重要的就是为客户创造价值，帮助其解决问题。

企业要想为客户创造价值，就需要真正站在客户的立场上来看待产品和服务中所蕴藏的价值，让客户更好地感知到自己购买你的产品能够从中得利。

总之，市场中那些真正存在痛点、痒点和价值需求的客户，往往才是最终的消费者。有了问题才会产生痛苦，有了痛苦才会产生购买需求，有了购买需求才会产生交易。

进化式营销，在顾客变心之前先改变自我

人类是在不断进化中前进的。企业同样也需要不断进化，才能赢得未来的市场。正如马云说过的一句话："今天没有哪个国家、没有哪一个企业可以说自己在新技术上高枕无忧，也没有哪个国家或者哪个企业有绝对的优势、绝对的垄断、绝对的安全。"

的确，如果创业者不能站在10年后来看待今天，是永远不能保证企业有创造力和竞争力的。一个创业者，其眼力决定企业的未来。如果只想守住眼前的一亩三分地，那么你只能被市场巨头打击到退守边缘。

如今，消费者的消费观念在不断进化，不具备进化思想的创业者，往

往不能与消费者的观念同步，也就不具备参与市场竞争的能力，更难以在市场中占据一席之地。

拿餐饮行业来说。当前，餐饮行业的主力军是"80后""90后"，相比"70后"，他们对待"吃"的问题，其思想方式和行为方式则完全不同。他们认为，吃什么是一件非常值得挑剔的事情，他们更加习惯于从大众点评或者其他"吃货群"，挑选口碑更好的餐厅和菜品；他们还喜欢用支付宝、微信支付工具；吃饭的时候还喜欢玩自拍、晒菜品，还喜欢对菜品、餐厅服务进行点评。所以，餐厅的声誉全部掌握在他们手中。生在、长在互联网时代的消费者，他们对互联网的依赖超过了我们的想象。也正是因此，消费者的消费习惯发生了巨大的变化。相比而言，有很多餐饮店还依然采用传统、旧有的营销模式，他们与顾客的消费习惯严重脱轨，这才是传统餐饮店的路越走越窄、越来越难以为继的原因。

其实，并不是消费者的消费需求变得太快，而是传统企业根本没有自我进化的认知。作为初创企业，你要想让你的企业不但能在市场立足，还能异常火爆，就需要在顾客变心之前先改变自我。这就是一种进化式营销模式。

那么，创业者该如何做好自我进化呢？

1. 接近客户，量身定制营销方案

你只有接近客户，才能知道你的客户是什么样子，如消费能力高低、重复购买次数、活跃还是沉睡客户。明确了这些之后，才能便于你对不同的客户量身定制不同的营销方案。

这里还拿餐饮来讲。传统餐饮做营销，通常是三种方法：发传单、短信推送、朋友圈推广。但这三种方法往往收效不太大。因为传单或群发短信，通常只能覆盖一公里范围内的用户，很多时候，用户对这样的信息表示讨厌或无视，即便注意到了，也不一定对胃口。朋友圈，通常是老板通过自己的朋友圈进行信息扩散，宣传效果不佳，不精准、覆盖率低。

餐饮老板需要做的就是进化营销方案：把精确的餐饮信息发送给对的顾客。现在很多消费者喜欢拼单，原因是凡是参与拼单的人大多是有相同需求，同时也能为消费者省钱。这样既能获得精准用户，又能使消费者真正获益。当有需求时，消费者自然会对这种拼单消费方式屡试不爽。而餐厅则可以通过"支付即会员"的方式，快速建立会员数据，通过餐饮平台接触到消费者。同时，还能通过会员数据对其进行分类，如回头顾客、沉睡顾客，还是低消费顾客，并为其量身定制优惠券，实现真正意义上的精准营销。

2. 用客户喜欢的方式提供服务

做营销，本质上就是满足客户需求，想客户所想，急客户所急。所以，如果你的产品与市场中同类产品相比没有太大的竞争优势，那么你可以从服务上取胜。什么样的服务才能取胜呢？其实很简单，就是客户喜欢什么，你就提供什么样的服务。客户喜欢的东西是会变化的，你唯有用客户喜欢的方式为其提供服务，才能真正跟上客户进化的步伐。

例如，当客户吃完饭结账时，询问可不可以用支付宝或微信结账，而你告知客户本店只收取现金，恰好顾客根本没有带现金。最后只好打电话让朋友大老远送现金过来。试问这位客户下次是否还会光顾你的餐厅？答案可想而知。因为，你既没有满足顾客的服务需求，又让顾客感觉自己失了颜面。

如今，互联网支付工具既便捷，又快速，省去了随身携带资金的负累感，还省去了找零钱的麻烦。如果你不能与时俱进，那么你看似失去了顾客，实则失去了市场。

3. 根据客户习惯开展营销活动

营销模式的进化，迫使营销活动也必须同步进行。传统模式下，企业的营销活动简单粗暴，难以实现理想的引流、转化目标。那种薄利多销、靠面子打折的方式，难以真正留住客户。因此，你要在顾客变心之前，打造全新的营销引流、变现玩法。具体操作的时候，需要根据消费者的习惯出发。你的用心，消费者是能感受得到的。只要消费者在你那里消费，感觉一切都能满足其消费习惯，让其感觉在你的店里消费能满足其所有的需求，包括产品、服务，那么他们就自然会在社交媒体平台上对你赞不绝口。这样不但能为你引来更多的顾客，还会提升其对你的忠诚度，达到存留的效果。

企业的进化，关键是需要时刻洞察消费者真正想要的是什么，并能实时调整自己的营销方案和营销活动，与消费者的需求变化达到同步。能做好这一点，我相信，你的企业发展前景不言而喻。

圈层营销，挖掘圈层用户蕴含的巨大力量

俗话说："物以类聚，人以群分。"这句话在商业领域也十分适用，即用不同种类、品牌、价位的商品，定位不同的人群。有的时候，很多商家会按照客户的价值大小，对他们进行圈层划分。然后对不同圈层的客户，按照其特点，进行相应的关照和服务，以此来维持或扩大客户规模。这种模式，就是圈层营销模式。

创业者要想做大自己的企业，就必须懂得时间利用，将自己有限的时间中80%的精力用在20%的优质客户身上。你将时间和精力花在优秀人身上所产生的价值，与花在普通人身上产生的价值是天壤之别。如果你能给优质客户带来更好的服务，普通客户要想享受同等待遇和服务，就会努力变成优质客户。如果你将绝大多数时间和精力投入到普通客户身上，结果普通客户也没有服务好，优质客户也因此而流失了。所以，你要集中精力去挖掘优质圈层用户所蕴含的巨大力量，将这种力量转化为销量。

对于如何做好圈层营销，我构思了一个圈层营销的流程：细分目标客户圈层→确定营销活动的目标圈层→分析目标圈层用户特征→量身定制营销方案。

第一步，客户圈层划分

如何划分你的客户圈子？这是一个圈层营销的第一步。客户圈层划分，可以分为以下几种划分类型：

（1）按照客户价值大小划分

主要是根据客户价值进行划分，如高价值客户、中等价值客户、普通客户。划分的依据是，根据交易额、交易量、贡献价值、交易频率等多维度数据进行综合分析和划分。

（2）按照客户身份划分

按照客户身份进行划分，可以将统一身份性质的用户归在一类，以提高营销的精准性，如白领客户、蓝领客户、金领客户。

（3）按照客户兴趣划分

不同的客户有各自的兴趣爱好，因此可以根据客户的兴趣进行圈层的划分，如追星族、二次元等。

这种按照不同的价值、身份、兴趣将客户进行划分，看上去存在"分别心"，但实际上却是一种"因人制宜"的营销方法。圈层营销，可以充分根据客户数据找出真正有产品需求的人，帮助你开展有针对性的营销活动。同时，对不同圈层用户开展精准营销，有助于企业与客户建立长期的合作关系、培养客户忠诚度。

第二步，确定营销活动的目标圈层

开展圈层营销活动的目的，不仅是攻克现有影响力的客户购买产品，更是希望通过营销活动来增加客户的参与积极性，并影响其身边的人，从而使得圈层最大化。然而，确定营销活动的目标圈层是重点，否则你开展的活动没有明确的活动对象。盲目开展，无法达到精准的圈层营销的目的。

如果你在商业区附近做餐饮生意，那么你在确定营销活动的目标圈层时，可以选择白领圈层，并从此部分入手，打造白领套餐。

第三步，分析目标圈层用户特征

在明确营销活动的目标圈层后，你需要做的是对这一目标圈层的客户特征进行分析，包括他们在企业中从事的岗位（即身份）、购买行为（即来店内的消费情况）、位置信息（即客户工作地点与你的店铺之间的距离）等。

第四步，定制圈层营销方案

做好前几步工作之后，接下来就可以开展圈层营销活动，将客户刚好需要的产品推送到他们面前。但不同的圈层有不同的营销方式。我比较推崇以下几种方法：

（1）打造社交货币

我这里所说的"货币"，并不是指传统意义上可以购物的金钱。而是特指让客户在社交活动中能够换取别人正面评价的筹码。

比如：饮品店第二件半价。这就是一个换取别人正面评价的筹码。如何理解呢？如果客户A向他的好友B分享了"饮品店第二件半价"这条信息，不但能换来B对A的好感，显得A消息非常灵通。而且还可以将这一信息作为社交货币，使得A在与B交流时，能够将该信息作为与B信息互换的一种筹码，从而使得A口中的信息，能够在B以外的更多好友C、D、E、F……之间传播和扩散。

（2）给客户利益

这一点其实也很好理解。可以向你的目标圈层客户提供免费的网络课程、转发抽奖、锦鲤活动等，这些对于客户来讲都是很好的获利机会，没有谁会拒绝参与。给客户利益的同时，还不要忘记刺激其转发，以达到更好的宣传效果。

圈层营销，因"圈层"两个字，就决定了其是一种小众营销，即营销客户规模并不大，因此，你能够将更多的资源和成本集中在这一人群身上，有利于进行重点人群重点突围，最终实现整体用户规模的进一步扩大。这便是圈层用户蕴含的巨大力量。

第十三章

创业管理：
管理是一门学问，也是一门艺术

创业开公司，本身就是在经营一个有纪律、有制度的组织。所以，对于创业者来讲，既要有为整个企业发展前景绸缪和规划的眼光，还要有对整个企业组织管理和驾驭的能力。可以说，管理是一门学问，也是一门艺术，也是创业者的一项必备技能。

管理的核心就是要激活人心

多年来，我接触过的企业家有很多，其中有人一直在苦恼："企业管理越来越难做。一抓就死、一放就乱。"一直以来，我都认为：管理，就是让每个人做每件事情的时候能够快速行动起来。传统的管理方法过于死板，不足以支撑现代企业继续往前走。不论是"抓"还是"放"，只要是能激活个体、能激活整个组织的管理，就是最好的管理。

因为，一个创业者，也是企业的领导者，你带领的团队工作状态如何至关重要。只要有状态，即便没有制度来约束，工作都能在积极、快速、高效中完成。只要状态不在线，有制度也是徒劳的。要做好企业管理，最重要的就是领导者要有激活人心的能力。

创业者应当牢牢掌握企业管理这项技能，将激活人心放在企业管理的首位。然而，激活人心，最好的方式就是对员工进行激励。

1. 精神激励

"想要马儿跑，就要给马儿吃草。"要想让员工在工作上有更大的能动性，就要经常给员工以鼓励和精神激励，如成就感、荣誉感、晋升等，对他们而言就是最好的激励方式。

（1）成就感激励

初创企业一切都是新的开始，对于员工来讲，每天都充满了新鲜感和挑战性，他们选择在初创公司工作，就是希望能够持续地发挥光和热，希望在初创企业一切都是新的开始，能够获得更多的成就感，也正是这种心之所向的成就感，成为其在初创企业奋斗的精神支柱。

例如，你可以让每个员工大胆提出自己的想法、意见、观点、建议等，并让全体员工对这些意见和建议等进行评分、打分、点赞。如果谁的建议被公认为好建议，就不需要经过公司开会决议，而是直接采纳即可，并公开对那些意见被采纳的员工进行表扬和赞赏，让他们获得很强的成就感。这种激励方式让员工更具成就感，从而促使员工能够更加积极地参与到工作中去，构思出更多的建议和意见，让你的企业能够小步快跑，迅速壮大。

（2）荣誉感激励

有荣誉感，才能激发员工持续不断地为公司发展贡献自己的价值。因此，你要善于运用成就感的激励方式。

例如，你可以对那些有突出贡献的员工给予表彰，发一个最佳创意奖、优秀员工奖等，以资鼓励。

（3）晋升激励

对那些成长较快、进步较大的员工，给予晋升激励，让员工从低的职位升级到更高的职位，并赋予他们一定的责、权、利。员工必定为此更加积极地工作。

2. 利益激励

哲学家霍尔巴赫说过一句话："利益是人类行动的一切动力。"我认为这句话说得很有道理。这与我们的一句古语"重赏之下必有勇夫"有异曲同工之处。对企业老板来说，你要想更好地激励人心，对员工许诺得到利益，无疑是激励员工最有效的方法，如劳动报酬、股权分红等，都是最佳利益激励方式。

3. 情感激励

人是有情感的动物，所以情感同样能产生很好的激励作用。我将这一点称为"爱的经济学"。

（1）走进基层，关爱员工

员工也是有血有肉、有情有感的人，所以他们也会出现生活问题和情感问题。你可以在条件允许的情况下，对员工的生活状况给予关心，这会使得员工在工作上更加有奔头，对梦想更加有盼头；如果员工生活一塌糊涂，自顾不暇，肯定无法全身心投入到工作上。同时，你也可以对员工嘘寒问暖、道一声辛苦，让员工感到激动不已，便因此有了更加积极工作的动力。

（2）关心员工家人

亲情，很大程度上是人们强有力的精神支柱。家人的好坏，直接影响员工的工作心情。没有后顾之忧，他们才能在"前方阵地"专心工作。因此，当员工情绪低落、心不在焉时，要多与员工沟通，在员工家人有困难的时候要给予关心和帮助。

在做企业管理的过程中，创业者要充分注重做好精神、利益、情感三方面的激励工作。只有营造出尊重、信任并将员工当作家人的和谐氛围，才能有效提升员工的执行力。

做管理就要管理自己，影响别人

相信很多创业者认为，管理就是管别人。其实我并不认同这种观点。在我看来，作为初创企业，你既是企业的领导者，又是企业的管理者，要想成为一个优秀的领导者，你只有在管理中让被领导者成功，你才能成为成功的领导者；要想成为优秀的管理者，只有在管理中先管好自己，再去影响别人。简单来说，就是一句话："律人者先律己。"

作为创业者，你既是企业的领导者，需要你能对整个企业的发展运筹帷幄，又是企业的领头人，需要你能对整个企业员工的言行起到带头作用。所以，身在其位，就应当承担起相应的职责，管理好自己。因为群众的眼睛是雪亮的，下面的员工都在看着你。你自己做好了，才可以有一个好的榜样和形象影响别人，成为一位受人尊重的领导人。

我认为，一个优秀的管理者，要想管理别人、更好地影响别人，应当作好以下几点：

1. 以身作则，赏罚分明

作为一个领导者，要想管理好自己的员工，首先就要不断完善自己。最好的方法就是成为众人的榜样。为人处世，要讲求原则、高标准、高要求。如果因自己在工作上的失误给公司造成了损失，则要对自己犯下的错主动承担后果，主动弥补经济损失。只有自己以身作则，才能在员工中树立威信，员工在日后遇到同样的情况，也会心甘情愿地接受规章制度的惩罚。

当然，如果员工工作做出了业绩，要明确给予员工相应的奖励。只有做到赏罚分明，员工才能真正感受到企业的公平、公正，从而从心理上激发其内在的工作热情，使员工有努力奋斗的不竭动力。

2. 懂得工作的乐趣

有的人认为工作是一件让自己快乐的事情，但有的人并不这么认为。往往那些感到工作是件快乐事情的人，能够将自己的本职工作做好，并能高效完成。而将工作作为一种谋生手段，他们内心中对工作本身并不感兴趣。因此，他们只是为了完成任务而工作，认为工作是一件非常无趣的事情。

所以，你作为公司的领导者、管理者，自己首先要表现出对工作强烈的热爱之情。其次就是让你的每位员工都对工作充满乐趣，要给员工营造一种轻松、愉悦的工作氛围。再次，还应当加强员工之间的合作。合作产生沟通和交流，使人不断学习和上进，合作中自然充满乐趣。

3. 善于倾听反对的声音

作为管理者，你需要维护你自己的权威。但并不是任何时候你的决策都是正确无误的。因此，当有员工大胆站出来发出反对的声音时，你要做的并不是独断专行，而是静下心来倾听这些反对的声音。因为很多时候，这些反对的声音中，蕴含着更好的建议和意见。而且你遇到错误时，一定要及时改正，乐于采纳正确的观念和决策，不要掩盖自己的错误，这样反而不能获得员工的信服。

4. 学会分享工作成绩

要记住，任何时候，好领导才能带出好员工。所以，打铁还需自身硬。只有你自己做出出色的工作业绩，并将工作成绩和方法分享给员工，员工才能以你为表率，对工作尽职尽责。

一个企业的管理者，本质上就是管理好自己，用自己的正能量去影响你的员工。这样，整个企业才会蒸蒸日上，拥有大好的发展前景。

老板要做选择题，员工要做思考题

很多时候，创业者在企业运营的过程中，总是觉得自己像个陀螺一样不断地转，每天都在忙着处理员工的问题。

刚进办公室，就有员工进来抱怨自己的客户太难缠，搞不定，问老板如何才能搞定这些难缠的客户，一会儿，又有员工进来诉苦，开展览展厅费用超出预算，谈不下来，怎么办；没过多久，又有员工进来问："老板，昨天我问的问题有解决方法了吗？"……

回顾一天的工作，自己做完的事情却只有一两项，甚至有的一天都在忙，却没忙出结果来。不知道你有没有思考过这个问题：自己究竟每天应该忙些什么？很多创业者并不知道，自己做管理，究竟是该做选择题，还是该做思考题。这也是他们每天忙得不可开交，工作效率却不高的原因。

我认为，一个聪明的老板，就应当自己做选择题，让员工做思考题。你的时间、精力是有限的，如果你事事都要自己思考怎么做，那么只能把自己干到死、累到死。

作为创业者，你首先要做的就是角色转化，并调整自己的思维方式，转变工作方式，彻底解决员工有问题就往自己身上推的问题。

1. 让员工给出解决方案

很多员工是传话筒型员工，即从不提供解决方案，只做信息的搬运工。这样的员工，往往给你带来的只有思考题，给你带来的只有麻烦和工作效率低下。对于这样的员工，你必须要求他们自己思考几个备选方案，拿出来供你选择。让每位员工都有为你解决问题的准备，能够很好地提升员工的决策和执行效率。

2. 让员工定期汇报工作

《哈佛学不到》一书的作者马克·麦考梅克说："谁经常向我汇报工作，谁就在努力工作——相反，谁不经常汇报工作，谁就没努力工作。"的确，只有经常向领导汇报工作的员工，才能更加高效地完成工作，并能将工作进度总结好、说明白。这样的员工，其能动性才会更高。

3. 做出优胜劣汰的决定

你请员工是为了让他们帮你解决问题、分忧、减负的，而不是为了给你制造问题、增加烦忧的。能解决多大的问题，决定了员工能坐多高的位置。能解决多少问题，决定了员工能拿多高的薪水。如果员工不能发现问题，不能为你解决问题，那么是你做出优胜劣汰决定的时候了。让那些能帮助你解决的员工高升；让那些为你制造问题的人让位；让那些抱怨的员工下课。

创业者，要想做好管理，就要练就自己领导人、管理者的本领，一是提升员工的能力，二是将员工打造成自己的左膀右臂，这样你的创业生涯将会更加从容一些。

没有无用的人，只有放错位置的人

每个人都有缺点，也有自己特有的闪光点。因此，任何人都是有用的。如果这个人在他当前的岗位上显得无用，那是因为他被安排到了不适合其发展的岗位。而一个人看起来很有用，能够为企业创造业绩，是因为他被安排到了更适合的位置，能够更好地发挥自己的特长。

所以，作为管理者，当有员工没有做好工作的时候，不应当轻视任何一个看似无用的人，也不要过多地责备这些无用的人。相反，应当多从自身入手，多问自己这样几个问题："我是否将员工安排在了更加合适的位置？员工是否擅长这个岗位的工作？"很多时候，有些人看似无用，往往是管理者安排失误造成的。这个世界上没有无用的人，只有被放错位置的人。

那么如何才能把每个员工放在合适的位置呢？我认为你可以从以下几方面入手：

1. 识人：了解你的员工

一个称职的管理者，必须对自己的员工有更加充分、深入的了解。正如著名管理学家卡特·罗吉斯所说："如果我能够知道他表达了些什么，如果我能知道他表达的动机是什么，如果我能知道他表达了以后的感觉如何，那么我就敢信心十足且果断地说，我已经充分了解他了，也能够有足够的力量影响并改变他了。"

很多公司的老板在管理的过程中出现了盲点，他们缺乏了解员工的意识，甚至认为员工的需要无须关注，只要完成工作任务即可。所以，凡是进入公司的员工，这样的老板往往会安排员工补充岗位空缺，而不是事先了解员工，然后再根据了解到的信息进行人力资源与岗位匹配。这样的结果是，员工的工作积极性并不高，工作效率也十分低下。

那么如何了解你的员工呢？

（1）与员工进行沟通和交流

与员工进行沟通和交流是必要的途径，只有在交流过程中，才能从他们的言谈举止中挖掘细微信息，了解到他们的喜好和兴趣、专长；了解自己的员工在想什么、在做什么、打算怎么做。这有助于你给他们安排更加合理的工作岗位。

但我认为，沟通也不是随随便便即可，而是需要一定的方式和方法的。

①以良好的心态与员工沟通

简单来讲,就是要将自己和员工放在同等位置上,这样才不会给员工压力和拘束感。另外,还需要你能够开诚布公地与员工沟通,这样才能打开员工的心扉。

②对不同人使用不同语言

员工的年龄、性别、文化背景往往各不相同,所以他们对于同一句话的理解可能会存在差异性。你要根据不同员工采取不同的话术,进行正确、合理、精准地引导,挖掘出你想要的信息。

③减少沟通层级

作为企业老板,你要想对每位员工更加深刻、透彻地了解,我建议你最好能直接与员工沟通。因为这样可以达到快速传递和反馈的目的。如果你通过别人的沟通结果获取员工信息,很多时候会因为你派出的"信息搬运工"在多层传递之后,让员工信息失真,甚至会大相径庭。所以,减少沟通层级,是保证信息真实性的最好方式。

(2)通过非正式沟通渠道

有时候,正式的沟通和交流,容易让员工有种拘谨感,你所获取的信息可能有所偏差。通过举办一些出游或互动活动,通过员工在参与过程中的表现和状态,同样可以很好地了解他们。因为人的身体是最不会撒谎的,身体在放松状态下做出的某种反应,是最能反映一个人真实喜好和兴趣、专长的。

例如:马云、张朝阳、李开复在公司年会上与员工互动,故意搞怪,大跳搞怪舞,借此拉近与员工之间的距离,同时也能通过这样的渠道更好地展现员工的才华和特长。

2. 用人：发挥员工长处

做管理就像带兵打仗，什么兵适合做通信兵、什么兵适合在前沿阵地作战，都是需要精心布排、合理安排的。只有物尽其用，人尽其责，才能达到最佳的作战效果。企业老板最重要的就是，在用人的时候能够最大限度地发挥员工长处。总之，就是要用人所长，因岗设人，在他擅长的领域要求他精益求精。

一个人，找准位置，就是一条龙；找不准位置，就是一条虫。龙与虫，天壤之别，关键在于如何找准位置。企业的老板，作为千里马，最重要的就是要找准每位员工该有的位置，这样才能更好地驰骋和奔跑，把你的企业快速推向成功。

打造巅峰团队，重在聚心

前几天，我去一位朋友的公司办事，恰好遇到他们公司正在做招聘面试。当时，我就想到了一个问题：创业者在创业过程中究竟如何留住人？如何才能打造稳定、高效的创业团队呢？

企业人员流失，企业员工没有相互协作共创佳绩的动力，这两个问题应该是很多创业者经常会面临的。我认为，解决这两个问题的关键就是员工要有凝聚力。人在一起是团伙，心在一起才是团队。

团伙成员之间往往只是因为短期目标才走在一起，且不受纪律约束，常常因为个人利益而散伙，难以成大事。但团队要有长远目标和共同的梦想，而且有严格的纪律，往往为了共同的目标和梦想而体现出超强的凝聚力，在大家相互协作、互帮互助的作用下更容易干成一番大事业。所以，创业者需要的是有凝聚力和向心力的团队，而不是团伙。

我在这里讲个小故事：

一天，锁与钥匙聊天时，说道："我每天为主人看守家门，但主人偏偏喜欢的是你，每天出门总是带着你寸步不离。"钥匙听了之后也埋怨道："你每天在家里待着，其实比我安逸多了，哪像我每天跟着主人风吹日晒的，多辛苦啊！"

有一次，钥匙也想体验锁那样的生活，于是偷偷把自己藏了起来。主人出门后，四处找钥匙，却没有找到。最后一气之下将锁砸了，然后把锁丢进了垃圾桶。当主人进屋后发现了钥匙，然而主人却并没有高兴，反而十分气愤地说："锁都砸了，要钥匙还有何用？"说完顺手将钥匙也丢进了垃圾桶。

此时，沦落为垃圾的锁和钥匙感慨道："今天我们沦落到这样可悲的下场，都是因为我们在各自的岗位上互不配合、相互猜疑的结果啊！"

的确，很多时候员工与员工之间像锁和钥匙那样相互推诿、相互斗争，最后只能是两败俱伤，也不利于公司的发展。唯有相互配合、团结协作，才能让公司这艘大船在大家共同的努力下安全远航。作为公司老板，你的职责就是让每位员工的心能够聚集在一起。

团队并不是几个人聚在一起、在一起办公那么简单，团队即团结在一起的队伍，只有每个人都将心凝聚在一起，才能称为真正的团队。

马云十分重视团队的重要性。每次在演讲时提到创业，马云都会十分激动，我清楚地记得马云讲过这样一段话："阿里巴巴可以没有我，但不能没有这个团队。多年来，经历了各种各样的困难，但是每次团队都给了我很大的勇气、很多鼓励，让我克服困难勇敢前进。"的确，阿里巴巴并不是马云一个人的企业，而是"十八罗汉"共同努力创造的结果。这正如比尔·盖茨所说："团队合作是企业成功的保证。"

创业者，没有团队的共同奋斗、共同协作，寸步难行，更难以创造出事业的辉煌。所以，我认为，创业者打造的团队，应当具备以下几种力量，才能让团队成员的心靠得更近：

1. 家庭般的凝聚力

我认为，一个真正聚心的团队，更像一个温馨的大家庭。每个员工都像是家庭必不可少的一分子，任何时候，家庭成员都能互相关心、爱护和帮助，能将家庭的事当作自己的事认真去做。

所以，创业者应当为你的团队营造一种家的氛围，如制造一些轻松温馨的环境，经常举办聚会活动、团建活动等，让每个团队成员都将彼此当作自己的家人一般。这样团队才能齐心协力，做出有效率的事情。

2. 军队般的战斗力

为何要组建团队？关键就是因为团队成员聚集在一起，拧成一股绳，劲往一处使，为了共同的目标和梦想而战。

因此，当你的团队成员换了一批又一批，企业效益却依旧不理想，我建议你考虑是否需要提升团队的战斗力，而不是在人员配备上做调整。要想培养一支战斗力超强的"铁军"，首先，要让员工能为了得到自己想要的而自愿努力付出。所以，作为一个企业老板，你最应当知道的就是每个成员想要的究竟是什么。是要成为行业专家？是要赚取更多的薪水？是要得到自我价值的发挥？

其次，明确分工与合作。每个人只有各司其职，才能保证公司项目能够正常运行，否则责权划分不明，容易引起内耗，也会降低执行力。

最后，消除不和谐因素。每个团队中总会有一些害群之马，这些人决不能姑息，而是要及时清除掉，否则后患无穷。即便其个人能力突出、掌握大量资源，也应当以大局为重，为了长远发展果断清除。

3. 学校般的学习力

对于一个团队来讲，学习力就是最重要的竞争力。学习力是最具有凝聚力的东西。如果把知识比作光线，那么学习就好比是将所有的光线都集中到一点的凸透镜。只要在太阳下对准一张白纸，几秒钟就能让白纸燃烧起来。这就是学习的力量。如果每位团队成员都能将自己的学习力聚集到一起，那么将会产生不可估量的爆发力。

团结的力量是巨大的，创业者如果能团结一切可以团结的力量，那么你的企业在市场搏击的力量将会震惊你的竞争对手。

第十四章

融资方法：
资本需要回归理性与耐心

万事开头难。初创企业没有足够的启动资金，因此融资就显得尤为重要。对于创业者来讲，虽然融资能获得充足的启动资金，但融资也务必须谨慎。在进行融资的过程中，要回归理性与耐心，切勿操之过急，盲目融资。

选择天使投资人要擦亮眼睛

近期,我接触了一些创业者,他们跟我交流的问题,大多数是有关公司融资的问题。

我虽然不是这方面的专家,但凭借我多年来的创业经验,我认为创业者和投资者之间的选择是双向的,不仅投资人要选择有潜力的创业团队,创业者也可以借助一些技巧去选择合适的投资人。

所谓"投资人",就是有一定财富的人士,对那些具有巨大发展潜力的高风险初创企业进行资金资助。我们习惯将投资人称为"天使投资人",因为他们像天使一样为初创企业带来资金帮助。但有时候,天使投资人也并不像天使那样对初创企业友好。

前一阵,一个朋友打电话过来,心碎地哭泣着。她刚刚成立了一家初创公司,为了公司能够早日正常运作,她花了几个月的时间寻找投资人。然而,如今,她遇到了一个特别重大的问题:她是做人工智能创业企业的,在天使轮的时候,她通过各种关系联系到了一位投资界的"大佬"。这位"大佬"从未涉足过这么前沿的科技行业,但在简单聊了聊之后就同意出资，而且投资条款也非常宽松，之后便签订了协议。整个融资速度非常快，这是她没有想到的。但万事俱备只欠东风。这位"大佬"却迟迟不肯打款，每次去找人交涉，都用一句相同的话做托词："我们老板很看好你们，一定会打款，但我们现在找钱有困难。"

她本以为这件事就此"凉凉"了，于是只能在非常艰难的情况下开始创业。做出了产品原型之后，得到了一家大风险投资企业的青睐。结果就在与这家大风险投资企业谈判之前，那家"大佬"突然把投资资金打了过来。最终，她的企业还是吃了投资协议的亏，起初条款中没有对融资时间做明确规定，只能任凭这个"大佬"赚了一笔横财。

显然，投资人可以是天使，也可能是魔鬼。选择投资人也要谨小慎微，擦亮眼睛。否则，稍有疏忽，便会吃大亏。

那么如何选择天使投资人呢？根据我的经验，最佳天使投资人的选择技巧如下：

1. 选择天使投资人的标准

（1）不同投资人的投资风格有所不同，所以，你应当着重关注其轮次以及所对应的金额大小、喜欢投资的行业等，并根据自身项目的特点，分析你的项目是否是投资人喜欢投资的领域。

（2）每个投资人都会展示自己的资源，但你一定要确保投资人所提供信息的真实性。不要相信直觉，要去亲自调查。

（3）当前，很多投资人已经是上市公司和产业投资，所以在资源实力方面会对你有更大的帮助。但在某些方面的政策，可能对初创企业不会开放。

很多人认为天使投资人通常是企业家，其实早期项目（B轮投资以前）的投资，大多数是专业投资人。据我了解，当前的创投圈中，那些投资机构几乎不会投种子轮项目。相反，专业投资人对初创企业的投资成功率要远远高过企业家投资人。

2. 选择天使投资人的渠道

（1）人脉渠道

很多时候，投资人是通过圈子里的人脉介绍和推荐的，这些人大多都是比较靠谱的。尤其是一些商界成功人士，他们在投资圈经营多年，对投资资源的匹配度把握更加精准，他们为你推荐的投资人，则更值得参考。所以你可以直接去接触投资人。

但创业者也应当保持一个良好的心态。因为，即便你与投资人相熟，但投资人也未必会选择投资你。毕竟，投资是一件大事情，不是个人对个人，而是公司对公司的事情。如果投资人给出的条件与你预期的有所偏差，也是情理之中的事情。

（2）海量发帖

如果你没有人脉，也没有更好的渠道来寻找投资人，最简单的方法就是通过发放海量邮件、媒体曝光等方式来寻找。虽然说这种方法有一个缺点，就是效果可能不会很好。毕竟，那些投资人每天要做的事情有很多，很难有时间和精力来全网搜索和关注那些有需要投资资金的创业企业。

（3）路演

路演也是一种不错的方式，能够通过路演的方式为你的融资需求进行宣传。但缺点是，路演需要你倾入一些成本。

融资是投资人与创业者从相识到熟悉，再到合作的一座桥梁。对于创业者来讲，找对投资人是幸运，找不对投资人是灾难。

快速融资找钱，解决创业困境

当前是资本寒冬期，如何快速融资，是最困扰广大创业者的问题。只有快速融资，找到了资金支持，才能解决创业过程中面临的资金困境。

君子爱财，取之有道。对于创业者未来，自身资金短缺，却难以从银行直接贷款，就必须找投资人融资。我建议在融资前先进行自我打磨，然后在融资过程中考虑如何快速拿下融资。

1. 项目前景

有前景的项目，才能吸引投资人的关注。所以，在与投资人谈融资的时候，关键要谈你的项目的创新点，也就是自身项目和同行其他相比有哪些差异，有哪些优势。只要你能从自身项目身上找到取胜的理由，并能阐述得有理有据，就容易说服投资人。

2. 团队发展

对于投资人而言，时间就是金钱。所以，时间对于他们来讲是十分宝贵的。在向投资人介绍你的团队时，不要将时间用在讲那些感人至深的团队故事上，投资人是不愿意花时间去听的。你应当直截了当地向其介绍你的团队成员，以及每个人的优势、特长、发展轨迹。简单来讲，就是要向投资人展示你的团队成员的实力。

3. 发展方向

投资人是不会对一个没有明确发展方向和未来前景的企业投资的。所以，你要多表述企业的愿景，还要信心满满地说出自己的优势，要能明确、条理清楚地表达出企业的发展方向，并提供合理的依据。我建议你少用"也许""可能""大概"这些模棱两可、毫无自信的词语。另外，当有投资人提问未来时，你回答的时候一定要干脆利落，不要犹犹豫豫。

4. 市场前景

有市场的产品才有前景，才更能吸引投资人的关注。所以，在谈市场现状时，很多人往往将重点放在产品的市场空间有多大、消费者群体有多少。这些方面其实是比较趋于官方的表述，但缺乏务实性。你要谈的，其实就三点：进入市场的时机、切入点和能够占据市场的武器。明确给出这三点，你就已经抓住了投资人的兴趣点。

5. 发展模式

投资人做投资决定之前，还会对你的商业模式进行考量，包括你的商业模式是否可行，定位是否准确，是否有创新。这里，我同样要强调一下，少用"研究"和"探索"，这些词往往给人不成熟的感觉。对于投资人而言，他们更加喜欢投资的是那些商业模式已经成熟的企业。因为，相比于那些还处在研究和探索阶段的企业，投资商业模式已经成熟的企业风险更小，成功性更大。

6. 对手分析

除了以上几个方面之外，你还需要向投资人简明扼要地阐述你的竞争对手有哪些，在哪里，他们的竞争优势有哪些，他们的短板有哪些，如何才能用策略击垮他们并取而代之。这些都是一些关键性的东西，在表述的时候要客观、中肯。

总而言之，创业者要想加速融资，就需要用自己的实力说服投资人，引起他们的兴趣、获得他们的信任，从而使其同意为你投资。

寻找融资最佳时机，赢在起跑线

最近，有两个创业者找到我。其中一个刚刚开始创业，一切都在筹备阶段，他们找到我说："您的人脉广，认识的人多，您帮我牵个线，找个靠谱的投资人吧。我认为我现在最难搞定的就是资金问题。您帮帮我吧！"

另一个是创业已经有一段时间的创业者，他开诚布公地告诉我，自己手里的资金只剩两个月的工资了，过了这两个月之后如果还拿不到融资，就要彻底和创业说再见了。同样是让我帮他找投资人。

融资是创业成功的必要要素，创业者越来越注重融资的重要性。但我从这两位创业者身上，看到了绝大多数创业者在融资经验方面的误区。很多创业者往往不知道什么时候才是寻找融资的最佳时机，很多创业者的融资念头就是：

■ 种子期

很多时候，创业者认为创业初期自己激情满满，而且已经有了很好的创业计划。此时是企业最需要资金的时候。

■ 资金枯竭

大部分创业项目，能够实现盈利的周期往往比预期的要长。这就容易造成原始预算不足，出现资金枯竭的状况。当然，不是每个企业在运营的过程中都能一帆风顺。很多困难和危机是不可避免的，这个时候也容易造成资金枯竭。

我并不认为这两个时候是最好的融资时机。因为在种子期，你的产品还尚未成型，你的商业模式还尚未成熟，投资人对你的一切都没有清晰的轮廓。如果只想凭借你的片面之词就想打动投资人，显然不切实际。

当你资金枯竭的时候，你未来发展都难以保证，投资人更不会看好你。所以，你能成功获取投资的概率则更不乐观。

我认为，最适合创业者寻找融资的时机，是创业企业为所有生产经营准备就绪时。这个时候，由于企业要投入大规模生产经营，就会导致流动资金或固定投资资金缺乏。企业选择融资机会的过程，实际上是企业寻求与企业内部条件相适应的外部环境的过程。如果过早融资，就会使得企业融资得来的资金造成闲置；如果过晚融资，会影响企业的融资难度和成本。

以我所见，创业者把握最佳融资时间，可以从以下几个方面入手：

1. 企业投资受益回报率最大的时候。这时候企业的发展最具优势，如果能获得融资，则能助力企业快速腾飞。

2. 融资利率最低的时候。这个时候，央行的资金面相对宽松，此时如果想要获得融资，是比较容易的。

3. 银行放贷的时候。银行放贷的时候，往往申请贷款比较容易。这是企业引入投资人融资的最佳时机。

4. 社会融资最活跃的时候。这个时候，社会资金相对宽松，而且此时那些投资公司也在急切地寻找更多的投资项目。此时创业者寻找投资人，往往更容易成功。

融资就像是练一本盖世神功，如果练好了就能在江湖中留下赫赫威名；如果练不好就会走火入魔，将整个人都毁掉。关键在于时机的选择。只有在适当的时机去练习，才能更好地驾驭，才能帮你练就一身超强的本领。年龄太小，无法读懂其精髓；年龄太老，练功机能跟不上。融资也是同样的道理。时机选择很重要。在恰当的时机融资，才能借助资本的力量，将你的企业做大做强。

有效的资金支持催化事业成功

很多创业者在创业之初是没有足够的资金来支撑自己的创业梦想的，所以他们就四处寻找资金支持。融资便是一种获得资金支持的有效途径，同时也将一切希望寄托在融资上，认为只要有了资金，就可以解决一切问题。

但我认为，资金只是一种催化器，只有有效的资金支持，才能催化你的事业成功。

然而，当前投资圈的现状是：一方面，风投市场对资金的投出变得非常谨慎，初创企业要想拿到真金白银的投资也变得越来越难；另一方面，融资存在一定的风险。

凡事有利必有弊。企业遇到困难想要找到资金帮自己脱困的同时，风险也随之而来。投资人在融资的过程中，为了保护自己的权利和条件，也让很多创业者深受其害。

面对资本，人性往往表现出贪婪的一面。正如我前文中讲的那个做人工智能创业企业的朋友，她就是因为个人的疏忽，导致吃了大亏。所以，我认为，每个创业者在选择融资之前，都应该明白这个道理。即便是你最要好的朋友、最亲的亲戚推荐的，但对于投资人而言，无利不起早，他们会下意识地将利益计算到极致。即便是大家同坐一条船，船沉了，他们也会在整艘船沉没之前，将钱财装入自己的口袋，乘另外的船离你而去。

另外，由于国内外利率、汇率以及经济形势、货币、财政政策等会随时发生变化，如果不能充分考虑这些因素去融资，也有可能为你带来巨大的债务风险。

因此，创业者不但要知道如何才能获得融资，还要知道如何才能规避融资风险。针对这个融资风险问题，我给出以下几点建议：

1. 融资规模量力而行

在融资前，创业者一定要确定企业的融资规模。如果筹资过多，会造成资金闲置，带来不必要的融资成本，甚至会因为企业负债过多，最终无法偿还，由此增加经营风险。如果筹资不足，会影响企业的生产计划和业务的正常进行。所以，在决定融资之前，创业者先要结合自身的实际情况和资金需求量力而行。

2. 恰当选择筹资方式

要想满足企业发展的资金需求，创业者不能局限于一种筹资方式，而是将筹资渠道进行扩大化，这样如果某条资金链出现问题，整个企业的生产和业务发展不受影响，同时还能使融资风险的概率降到最低。

3. 提高融资风险防范意识

作为创业者，一定要将自己培养成全面发展的人。除了具备企业管理和运营方面的技能之外，还应当多学习一些法律知识，不要让自己成为一个一无所知、任人宰割的"法盲"。要主动培养和提升自己的融资风险防范意识，同时还要端正态度并采取有效措施去降低风险，让企业发展既能获得资金的有效支持，又能很好地避开风险，提高资金利用率。

4. 健全和完善融资风险管理机制

当你掌握了一定的法律知识之后，就能对融资协议中的条款进行科学合理的设置，同时还能对那些不利的条款进行有效把控。此外，你还需建立一个健全和完善的融资风险管控机制，明确企业成员的职责分工、权限范围、审批程序和问责机制。这样才能减小因失误而造成的融资风险。

5. 积极分析金融发展态势

学会分析金融发展态势，也可以有效把控资金风险。国内外利率、汇率以及经济形势、货币、财政政策等会随时发生变化，如果能根据变化规律，预测未来某个时段的金融发展走向，那么对于企业获得低风险融资大有裨益。

企业要想做大做强，是离不开融资做支撑的。只有规避融资风险，获得有效的资金支持，才能催化你的事业快速成功。